nível fácil

palavras
cruzadas

Copyright © 2018 by Ediouro Publicações Ltda.

Todas as marcas contidas nesta publicação bem como os direitos autorais incidentes são reservados e protegidos pelas Leis n.º 9.279/96 e n.º 9.610/98. É proibida a reprodução total ou parcial, por quaisquer meios, sem autorização prévia, por escrito, da editora.

DIRETORIA: Jorge Carneiro e Rogério Ventura; **Diretora Editorial:** Daniele Cajueiro; **REDAÇÃO: Coordenadora Editorial** Eliana Rinaldi; **Equipe Editorial:** Adriana Cruz, Daniela Mesquita, Débora Justiniano, Jefferson Peres, Lívia Barbosa e Maria Flavia dos Reis; **ARTE:** Adriana Torres (gerente), Camila Cortez, Franconero Eleutério e Larissa Carvalho **Edição e Tratamento de Imagem:** Luciano Urbano; **Diagramação:** Evandro Matoso e Maria Clara Rodrigues; **Produção Gráfica:** Jorge Silva; **Tecnologia da Informação:** Márcio Marques; **Marketing:** Everson Chaves (gerente), Caroline Goeth Cássia Nascimento, Isadora Filizola, Juliana Ferreira e Sophia Portes; **Assessoria de Imprensa:** Claudia Lameg **Controle:** William Cardoso; **Circulação:** Luciana Pereira, Sara Martins e Wagner Cabral; **EDIOURO PUBLICAÇÕE LTDA.** Rua Candelária, 60 — 7º andar — Centro — CEP 20091-020 — Rio de Janeiro — RJ. Tel.: (0XX21) 388 8200. **Atendimento ao leitor:** 0300-3131345 (custo de uma ligação local), (0XX21) 3882-8300 (ligação local, RJ

www.coquetel.com.br

NÍVEL **fácil**

palavras
cruzadas

conteúdo

73	Diretas	3	Dominox
5	Coqueteste	3	Jogo dos Erros
5	Criptograma	3	Problema de Lógica
5	Jogo da Memória	2	Numerox
4	Adivinhas	1	Caça-Resposta
4	Caça-Palavra	1	Duplex
4	Criptocruzada	1	Sudoku
4	Cruzadox	1	Torto

4 caça-palavra

Procure e marque, no diagrama de letras, as palavras em destaque na relação.

Ferramentas

ALICATE
CANIVETE
Chave de **FENDA**
CHAVE-inglesa
ESCADA
ESMERIL
FURADEIRA
MACHADO
MAKITA
~~MARTELO~~
PARAFUSADEIRA
PARAFUSO
PORCA
PREGO
SERRA
SERROTE
SOLDA

```
X V Z L B F K G H H P G F X Z C L C K P Z T
Y O D A H C A M K J N P M A R T E L O A Z V
W C Z K Y Q L L J O Y G D R S P B S N R P W
F X P P N F P Z G T S L D C G Q J B F A X P
E Z H Q W F K E P W O G Q T S K X S Z F W O
N K T S S Z R X Q S J G B D V E V R T U J R
D H S E Q P B P W L F L N Y P Q R P F S Y C
A X W R J A R I E D A R U F D Z N R Q A T A
Y Y V R H X D S F Z K R N L Q E B D A D V T
X L C O H S S Z M M L M J S T P H L Q E S Z
Q H K T R D B Q X A B H M E M A D S G I D D
L I R E M S E M Q V K Q V V F L X N N R M J
M P X R F C Q G M M H I T F X I H T Y A T T
P A R A F U S O T N N D T V X C B D R T P V
T F Y Y Q F D L N A V R L A R A R J W Y A L
P W T T R L C W C B K W B C T T C R G H R X
X S A D A C S E M R P N W Q X E S B C Z C K
```

diretas 5

Clues (across/down arrows):

- Multiplicado por três (Mat.)
- 60 segundos / Pôr em prática
- Plástico usado na fabricação de garrafas
- Enfeite de sofás
- Cissa Guimarães, apresentadora
- Na foto, a repórter do "The Voice Brasil" / Sílaba de "disputa"
- Exame Nacional do Ensino Médio (sigla)
- Ordem de largada, na Fórmula 1
- Escritor de livros / Altura (abrev.)
- Selo de qualidade / Procurar; buscar
- Jornalista novato (bras. gír.) / Resfriar
- Objeto para puxar água
- Exercícios indianos de relaxamento
- Formiga, em inglês / Sem igual (fig.)
- Queira Deus! (interj.)
- Aplaudir entusiasticamente
- Preparado para a publicação
- A caixa do tesouro do pirata
- Pobreza extrema
- Sobrinha do pai
- Rapidez; velocidade
- Óleo, em inglês / Extraordinário (red.)
- Educação; instrução
- 10, em romanos / Casa (fig.)
- Última vogal
- Prender com nó
- Atmosfera / Fechar com chaves
- Escola de engenharia aeronáutica (SP)

Respostas: 3/ant — oil — pet. 4/grid — rodo. 5/oxalá. 7/cultura. ONCA

criptograma

Para letras iguais, símbolos iguais. Resolvido o passatempo, surgirá, nas casas em destaque, a cidade do Estado de São Paulo cujo nome, em tupi-guarani, significa "lugar de fazer anzol".

Definição						
À (?): em traje civil (referindo-se ao militar).						
A equipe que não sofreu derrotas.						
Agitado; irritado.						
"Senhora do (?)", antiga telenovela.						
Aproximar; avizinhar.						
"O Último (?)", obra de F. Scott Fitzgerald (Lit.).						
Extração de leite.						
Escandinavo.						
(?) mental, fator que evita o estresse.						
Aumento.						
Ordenar com símbolos aritméticos.						
Caminho subterrâneo.						
Que pode ser protelado.						
Pão comprido e cilíndrico.						
Efeito de uma concussão cerebral.						

coqueteste 7

Gravatas iguais

Quantas gravatas exatamente iguais você consegue identificar?

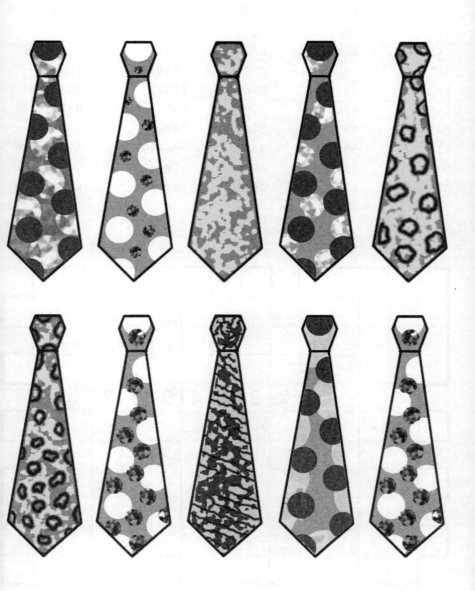

numerox

Partindo do exemplo impresso como dica, preencha o diagrama com os números dados a seguir, respeitando os cruzamentos.

3 dígitos	4 dígitos	7536	58308	503549
182	1263	8366	61881	826824
295	1904		62507	970034
346	2483	**5 dígitos**	64993	
484	3180	05754	84445	**7 dígitos**
530	4331	09885	93215	1641442
845	4642	15927		2429889
849	4930	24894	**6 dígitos**	4548933
910	5089	38538	~~344397~~	4569219
920	5332	49984	382876	
950	6647	50684	437413	**8 dígitos**
				26743845
				61495744

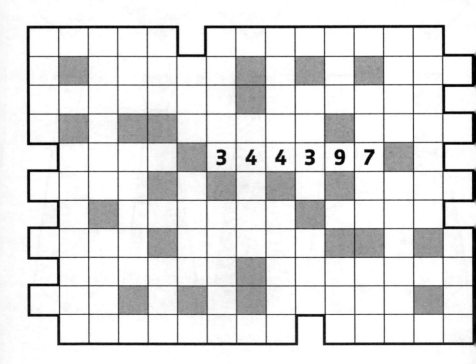

diretas

Definições

- Recomeçado; retomado
- Camadas da pele
- Local de atuação do palhaço
- Guardou os animais na Arca (Bíblia)
- Estabelecimento que vende medicamentos
- O alimento que produz energia
- Deputado (abrev.)
- O pôr do Sol
- Conversa fiada (fam.)
- Tecla de gravadores
- Acesso ao Palácio do Planalto
- (?)-campeão: o segundo lugar
- Construção
- A superfície do deserto
- Barco comum em marinas
- (?)-mail, correio da internet
- Acreditar
- Limite da cesta de basquete
- O apetite sexual dos animais
- Menina ou moça, no tempo imperial
- No meio de
- (?) Leal, atriz brasileira
- Fim, em inglês
- Contentar; satisfazer
- Entidade dos jornalistas
- (?) então: ainda
- 106, em romanos
- Cartilha de leitura
- Despedida
- Tê
- Capazes; habilitados
- Carimbo postal
- Tirar de operação
- A Árvore Nacional brasileira
- Não concedido
- Profissional que pinta o rosto dos famosos
- Puras; simples
- Renato Russo, cantor brasileiro
- Gordo, em inglês
- Pena; compaixão
- O som emitido em risadas
- Apara o pelo do animal

BANCO: 3/end — tat. 4/iaiá. 5/ocaso.

dominox

O Dominox consiste em escrever no diagrama, respeitando os cruzamentos, as palavras em destaque nas chaves.

No mundo da informática

4 letras
MENU

5 letras
MODEM
MOUSE

6 letras
CAIXAS de som
CÂMERA
EDITOR de texto
FILTRO de linha
PASTAS

7 letras
CENTRAL
 Única de
 Processamento
MEMÓRIA
MONITOR

SISTEMA
 operacional
~~TECLADO~~

8 letras
ARQUIVOS
INTERNET
MOUSEPAD
PLANILHA
 eletrônica

10 letras
IMPRESSORA

13 letras
CONFIGURAÇÕES
ESTABILIZADOR

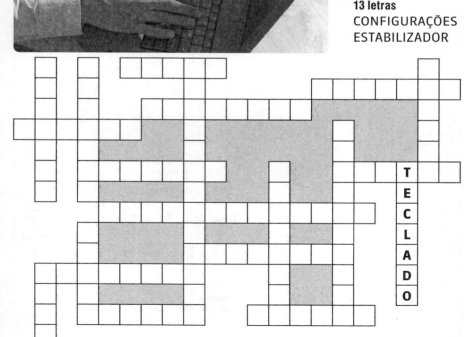

diretas 11

Definições:

- A Lua em relação à Terra
- Reunião pública de candidatos a cargo político
- Contudo; todavia
- Órgão de proteção ao crédito (sigla)
- Imensa riqueza
- Exagerar no açúcar
- Alergia nasal
- Brinde da indústria de cosméticos
- Camada que envolve a Terra
- Prancha de piscinas
- Conjunto de casas
- "Amigo" do fulano e do beltrano
- Aciona
- Atencioso; gentil
- Sílaba de "triste"
- Usina de Brasil e Paraguai
- Excelente
- Elba Ramalho, cantora paraibana
- Animal como a ovelha Dolly
- Passagem da bola no jogo
- Capitão (abrev.)
- Venda feita em grande quantidade
- Transporta; carrega
- Alcoólicos Anônimos (sigla)
- Deus muçulmano
- Relativo à Marinha
- Que tem proveito
- Que só pensa em si mesmo
- Irritar
- Planície do extremo sul do Brasil
- Tempero marinho
- (?) logo: assim que
- Combustível da churrasqueira
- Brinquedo com penas
- Título nobre inglês
- A terra da axé-music (sigla)
- Consoantes de "Nasa"
- Ondas Médias (abrev.)
- Inseto com ferrão
- Fiscal dos ambulantes (bras.)
- Aparelho para tocar CD

BANCO: 3/sir. 4/vila. 5/clone — pampa. 6/rinite.

diretas

Definições

Horizontais:
- Crescimento; progresso
- Acenar
- Amado da Colombina (Carnaval)
- Material do sabão
- Sílaba de "trevo"
- Ginásio escolar para a Educação Física
- Saci-(?), entidade folclórica (bras.)
- Idioma comum no Oriente Médio
- Enfeitiça os navegantes (Folcl.)
- A marcha que faz o carro ir para trás
- Querido, em inglês
- Instituto militar
- Engolir (líquido)
- Laço da gravata
- "(?) é o melhor remédio" (dito)
- Nome da letra "B"
- Bater (?): discutir (pop.)
- Lançou o Hubble
- Condição do cigano
- Rumar para cá
- (?) Lobo, músico
- Branca; clara
- Bondoso com o próximo
- Titânio (símbolo)
- 101, em romanos
- Veste feminina
- Desprezível
- Modificar; transformar
- Abertura do capacete
- Pista do hipódromo
- Agir como a modelo
- Juros por atraso
- Pedido da criança mimada
- Amapá (sigla)
- Proteínas que reagem a antígenos
- (?) Cavalcante, humorista
- Que passou na peneira
- À (?): sem ter o que fazer
- Junto a
- Luiza Tomé, atriz brasileira
- Sandra de (?), cantora da MPB
- Animal como o camundongo

BANCO: 4/boca — dear — mora — nasa. 6/nômade.

diretas 13

Definições

- Desejo intenso
- Estações mais curtas do ano
- Roliço; redondo
- Muro baixo
- Fonte de eletricidade de calculadoras
- (?) Motta, cantor de soul
- Bumba (?) boi, dança folclórica
- Cooperam
- Aplicar; empregar
- Consome-se em chamas
- Posto superior ao de sargento
- Criada de companhia
- Avançado em idade
- Natural (abrev.)
- Controle alimentar
- O trabalho de difícil realização
- O conjunto de galhos de uma planta
- Pronome reto da primeira pessoa
- Cavalo de pequeno porte
- Depois de
- Mistura gasosa ao redor da Terra
- Importância ou número total
- Formam o mês
- Tipo de escada
- Sílaba de "grego"
- Amido para engrossar pudim
- Célula reprodutora feminina
- Sentimento oposto ao amor
- Peças que formam a corrente
- Rita (?), cantora
- Caloria (símbolo)
- Esfarrapado
- A 2ª vogal
- Classe dos ricos (Econ.)
- Comitê Olímpico Internacional (sigla)
- Tecla de televisores
- Indivíduo que guarda mágoa
- Jogador que usa luvas em campo (fut.)
- Estado da capital Palmas (sigla)
- Satélite (abrev.)
- Letra que o Cebolinha troca pelo "L" (HQ)
- (?) de arroz, cosmético facial

BANCO: 4/rama — 5/roto. anoso — cifra. 6/anseio.

jogo dos erros

Embora os dois desenhos se pareçam muito, há, entre eles, SETE pequenas diferenças. Quais são?

diretas

Clue position	Clue
	Veículo blindado que transporta dinheiro
	Duas aves brasileiras
	A favor de
	Pinóquio, antes de virar menino (Lit. inf.)
	(?) Campos, atriz brasileira
	Urso, em inglês
	Boato
	Interjeição de espanto
	O olfato do cão
	Televisão (abrev.)
	Grupo que fez sucesso com "Dona"
	A (?): em prestações
	Cáspio e Negro
	Acidez do estômago
	Ponto de partida
	Falta do que fazer
	Rumava; seguia
	"Quem (?) consente" (dito)
	Avenida (abrev.)
	Acha graça
	Deixar o local
	Casa de detenção
	Sílaba de "troca"
	Ilha formada por corais
	Contorno do gol
	Aldeia indígena
	Teste não escrito
	Acusados em juízo
	Clínica de emagrecimento
	Reduzir a pó
	Sílaba de "lança"
	Sinal sonoro de perigo
	Aflição
	Borda de chapéu
	Coisa alguma
	Criado de quarto
	Essa coisa
	Trai; ilude
	(?) Regina, cantora
	Religião (abrev.)
	Duas flores cultivadas em jardins
	Crustáceo usado em sopas
	Oto Glória, ex-técnico de futebol
	Vogais de "cama"
	Saudação informal
	A maior do Brasil é a dos Patos

BANCO: 4/bear — réus. 5/ânsia — lagoa — mares.

16 jogo da memória

Você tem boa memória? Que tal colocá-la à prova?

Olhe atentamente o desenho, para depois responder às 10 perguntas abaixo. Se você acertar todas, eta memoriazinha fotográfica, hem? Agora, se você não acertar nenhuma, tente ao menos lembrar o seu nome. Esqueceu? Puxa!

Agora, tape a ilustração com uma folha de papel, vire a página de cabeça para baixo e responda às seguintes questões.

1. Existe um macaco na cena? ( ) sim ( ) não
2. Aparece uma planta no desenho? ( ) sim ( ) não
3. Uma televisão surge na ilustração? ( ) sim ( ) não
4. Há um homem usando óculos? ( ) sim ( ) não
5. Você lembra ter visto um peixe? ( ) sim ( ) não
6. Observou a presença de um relógio? ( ) sim ( ) não
7. Você viu uma janela aberta? ( ) sim ( ) não
8. Você lembra ter visto um jornal? ( ) sim ( ) não
9. Há um quadro na parede? ( ) sim ( ) não
10. O desenho do quadro é de um pássaro? ( ) sim ( ) não

diretas

17

Ficção (?), gênero literário	Formigas e abelhas	▼	São produzidas pela ostra	De novo!	▼	Atividade das plantas que produz oxigênio	O ato contrário à lei	▼	Cabanas indígenas (bras.)
				Sílaba de "partir"					Ventilado
▶						▼			▼
Nereu Ramos, político brasileiro	▶		Deixar afastado dos outros	▶					
(?) bem: causar boa impressão	▶				Trabalho exigido no doutorado	▶			
A (?): lhe	▶			Cão, em inglês				Letra repetida em "jejum"	▶
Santa (abrev.)				Buraco com água					
▶			Colocada na balança	▼					
			Sobra de estoque						
Alimento favorito do Pluto (HQ)	▶		▼		Consoantes de "solo"	▶		Gostar intensamente	
Divisão do prédio comercial		Fruto apreciado por atletas	▶			Para o (?) Niño, fenômeno climático	▶	▼	
James (?), o agente 007 (Lit.)	▶				Também não	▶		Bolsa para carregar compras	
					Material de cercas				
▶			Conjunto de mapas	▼					▼
			Par da rosa (inf.)						
Imita a voz do gato		Argila de cor avermelhada	▶			Rádio (símbolo)	▶		
						Em frente de			
▶			Não funda	▶		▼		Está aí (red.)	
			Moléstia						
Conjunto de armas	▶		▼					▼	
Casa de assistência social para idosos		A menor existente é o beija-flor	▶			(?) qual: exatamente o mesmo	▶		
▶					Agasalho para o pé				

BANCO: 3/bis — dog. 4/bond. 5/atlas — saldo.

problema de lógica

Resolva o passatempo, preenchendo o quadro. Coloque S (Sim) em todas as afirmações e complete com N (Não) os quadrinhos restantes (veja o exemplo). Para isso, use sempre a lógica e/ou a dedução, a partir das dicas.

Artistas de rua

Três artistas de rua fazem diariamente demonstrações de seu trabalho em diferentes cidades. A partir das dicas a seguir, descubra quem são elas, o que fazem em sua performance e em que cidades se apresentam.

1. Uma mulher toca guitarra nas ruas do Rio de Janeiro.
2. Ana Lúcia exibe seu trabalho em Salvador.
3. Marluce pinta o corpo de prateado e fica imóvel durante horas representando uma estátua.

	Estátua	Grafite	Guitarra	Rio de Janeiro	Salvador	São Paulo
Ana Lúcia						
Deise						
Marluce						
Rio de Janeiro	N	N	S			
Salvador			N			
São Paulo			N			

Artista	Performance	Local

diretas

Clues

- Instalações como Angra I (BR)
- (?) de contato: substitui os óculos
- Imitar o cão
- Enganado
- Nome, em inglês
- Criança que mora nas ruas
- (?) aegypti, o transmissor da dengue
- Guarda armado que vigia um posto
- Radiante
- Juliana (?), atriz brasileira
- Caminho; direção
- Medula; tutano
- 2ª camada da pele
- Um, dentre vários
- Nana Caymmi, cantora da MPB
- 201, em romanos
- Não cozida
- Gritos de dor
- Que tem buraco
- Fertilizante do solo
- Destruído; arruinado
- Continente mais populoso
- Deus muçulmano
- Animal emplumado
- Restabelecimento da saúde
- Compõem a década
- Produto do tráfico
- Reduto da paz doméstica
- O CD moderno com som e imagem
- Limpar banhando
- Nome do coelho de pelúcia da Mônica (HQ)
- Círculo luminoso da figura religiosa
- Em + a
- Letra do infinitivo verbal
- Cada parte que compõe a corrente
- Ovo de piolho
- Como gosta de viver o naturista
- O estado do doente no CTI
- Decalitro (símbolo)
- Secreção eliminada pelos poros
- Conjunto de vozes da igreja

BANCO 3/dal. 4/name. 5/sedes — derme. 6/sansão.

diretas

Definições

Horizontais / Verticais:

- A caderneta do aluno
- (?) Catarina, estado brasileiro
- Próprio do povo
- Desenho (?), a arte de Disney
- Calda de açúcar que cobre pudins
- Armação da roda da bicicleta
- A maior bacia hidrográfica do mundo
- Suar
- Tipo de televisor
- (?) Paz, capital boliviana
- Parte introdutória da peça teatral
- Sigla do Estado de Rondônia
- (?) Cruz, diretor teatral
- Radical (abrev.)
- Sujidade do ouvido
- Embalar (o bebê)
- 24 horas
- Material de embrulhos
- Sua abreviação é "Cel."
- (?) Babá, herói de conto árabe
- (?) de idade: aqueles com mais de 18 anos
- A fruta que apodreceu
- Nascidos na capital italiana
- Pacto
- No caso de
- Entrar nos (?): regularizar-se
- Neste local
- Retrato
- Saudação comum entre os jovens
- Cabeça de gado
- Cajado
- Ari Toledo, humorista
- Reflexão sonora
- Expressão estética como a pintura
- Pequeno réptil das paredes das casas
- Pão arredondado feito de milho
- Gênero de filme que causa medo
- Desacompanhado; sozinho
- Local de filmagens (inglês)

Soluções: 3/set. 4/broa. 5/cetro. 7/ulisses. 9/tela plana.

diretas 21

Definições

- Dois exemplos de bens de consumo (Econ.)
- Agasalho feminino para os ombros
- Equipamento que fiscaliza o trânsito
- A viola, por seu interior
- Como também é chamado o meteoro
- Que trabalha em jornal (fem.)
- Gira
- Manifestar gratidão
- Tipo de represa comum no Nordeste
- Tornado menos crespo (o cabelo)
- Medalha do 2º colocado
- Notícia; informação
- Cada parte da corrente
- (?) negra: esgoto ao ar livre
- Molusco decápode (pl.)
- Destaque (fig.)
- Sílaba de "canto"
- Instrumento musical antigo
- Que não é macio ou liso
- Sufixo de "álcool"
- Bebida natural de fruta
- Enfeite do bolo de aniversário
- Membros das aves
- Reflexão sonora
- Local em que se vendem óculos
- (?)-doce, raiz comestível
- B
- No dia anterior ao de hoje
- Alimento servido com açaí
- Lado oposto à coroa, na moeda
- Ceder gratuitamente
- Última vogal
- Estrutura que nutre o feto (Anat.)
- Massa usada por pedreiros
- Casa (fig.)
- Maior deserto do mundo
- A mais alta carta no pôquer
- Mama de vaca (Zool.)
- Senhora (abrev.)
- Assuntos; matérias

BANCO 4/xale. 5/açude — temas. 6/áspero — relevo.

Verificando sua memória

Abaixo temos seis figuras diferentes. Observe-as durante alguns segundos e imediatamente olhe para as mesmas figuras na parte de baixo e diga qual delas não estava na parte de cima.

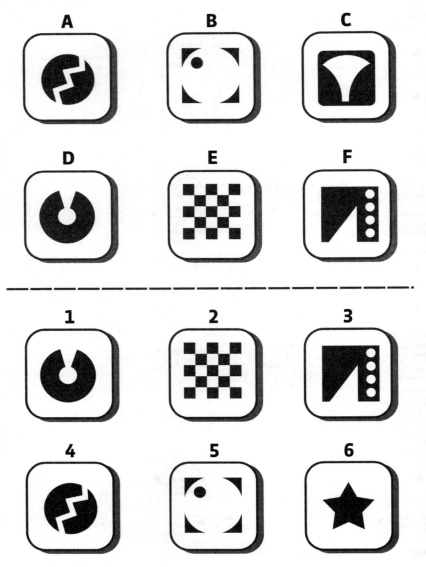

diretas 23

A rosa A das TVs é medida pelo Ibope	▼	Cobrir o tabuleiro com óleo	Dor de cotovelo De + aí	▼	Manobra feita no voo de exibição / O "eu" de qualquer indivíduo (Psican.)	▼	Sereia de rios e de lagos (Folcl.)	Cultiva (a terra)
Iniciar o funcionamento de loja	▼		▼	▼	▼		▼	▼
O amigo muito próximo								
▶					Por (?): por enquanto / Despidos	▶		
Que tem o mesmo nome (bras.)		Estado da Região Norte		Liga de basquete / Cabeça de gado	▶▼			Doutora (abrev.)
▶		▼	Divisão do bairro / Aparada com tesoura	▶▼			Falha; engano	▼
Celebrante da missa (pl.)	Aumentar de tamanho	▶	▼				▼	
▶					Ódio; rancor / Cálcio (símbolo)	▶		
Desligado, em inglês	Erasmo Carlos, cantor	▶		Carro, em inglês / Grito	▶▼			Claridade antes de o Sol nascer
▶		Interjeição de entusiasmo	▶	▼		Pó para engrossar mingaus		▼
Peça plástica que fecha malotes	▶				Ética (abrev.)	▼	Sensação percebida pelo faro	
Distribuído em partes iguais	O efeito do calafrio / O nome da letra "M"	(?) bull, raça de cães	▶		▼		▼	
Som lastimoso; lamento	▶	▼	▼					
▶					É combatida pelo analgésico	▶		
Indicador de direção do carro	▶				Juiz de (?), cidade mineira	▶		

BANCO 3/car — nba — off — pit. 5/amido. 6/íntimo.

cruzadox

Partindo da palavra-chave já impressa, preencha o diagrama de palavras cruzadas com os vocábulos das chaves.

3 letras
ACT
CNT
IRÃ
LEE
MAD
NEI

4 letras
BAND
COCO
DALI
DNER
FILA
OCAR

5 letras
ACOLÁ
BODUM
CERRO
CHOPE

6 letras
ACABAR
ATROAR
FORMAR

IRMÃOS
MAROLA
OSÓRIO

7 letras
ABAFADO
ACOMODA
ADEMAIS
ADENTRA
AERÓBIA
~~ÁRBITRO~~
ASSACAR
AZEITAR
CUBATÃO
EMBEBER
FERRADO
OMBREAR
SORTEIO
TONSURA

8 letras
IRRIGADO

12 letras
AERODINÂMICA
MERCEDES-BENZ

diretas

Definições

Horizontais/Verticais:

- Aparelho típico do salão de beleza
- Complemento do parafuso
- Por baixo de
- Pasta; pomada
- Tornar a achar
- Primeiro de abril
- Anedota
- Móvel da sala de espera
- Oitavo signo do Zodíaco
- Cinto de homem com fivela
- Consoantes de "lata"
- Jogador que rebate a bola alta (fut.)
- Período de governo do político
- Sílaba de "campo"
- Possuir
- (?) humor: zanga
- Maria-(?), doce
- Bolsa de viagem
- A maior ave do Brasil
- Segunda nota musical
- Mocinha; garota
- Arte, em inglês
- Liga inoxidável
- A quinta letra do alfabeto
- Setor para doentes graves (sigla)
- Minha e (?): nossa
- 250, em algarismos romanos
- Monarca
- Talentos naturais; qualidades
- Enraivecida
- Via fluvial
- Não estrangeiro
- Coice do cavalo
- Enfeitar
- Quer muito bem a
- Lista; relação
- Duas vezes
- Agnaldo Timóteo, cantor brasileiro
- Níquel (símbolo)
- Ao (?) livre: a céu aberto
- Nutrido
- Que ocorre de vez em quando

BANCO: 3/art — rol. 4/mole. 5/creme. 6/patada.

torto

ASCO

Devem-se formar as palavras seguindo em todas as direções, sempre ligando as letras em sequência direta, sem cruzar, sem pular e sem repetir letra (para que uma palavra tenha letra repetida, é necessário que essa letra também esteja duplicada no diagrama). Damos como exemplo uma palavra encontrada no diagrama.

Só valem palavras de QUATRO letras ou mais.

Na solução constam 30 palavras formadas com este diagrama, mas, se você formar outras tantas, parabéns! Você tem um alto conhecimento de nosso vocabulário.

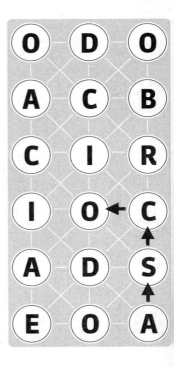

diretas 27

BANCO: 3/aer — san — tst. 4/naco. 5/peter. 6/cético. 7/pintura. 8/calafrio.

28 problema de lógica

Resolva o passatempo, preenchendo o quadro. Coloque S (Sim) em todas as afirmações e complete com N (Não) os quadrinhos restantes (veja o exemplo). Para isso, use sempre a lógica e/ou a dedução, a partir das dicas.

Na volta da escola

Ontem à tarde, depois que saíram da escola, Amanda e outras duas estudantes foram até uma lojinha de doces nas redondezas. A partir das dicas a seguir, descubra quem são essas três estudantes, o ano que cursam e o que cada uma delas comprou na volta da escola.

1. Clara comprou um sorvete de morango.
2. Nina é aluna da turma do quarto ano na escola.
3. A aluna do terceiro ano comprou um pirulito na lojinha de doces.

ILUSTRAÇÃO: CANDI

		3º	4º	5º	Chocolate	Pirulito	Sorvete
Nome	Amanda						N
	Clara				N	N	S
	Nina						N
Doce	Chocolate						
	Pirulito						
	Sorvete						

Nome	Ano	Doce

diretas 29

Crossword puzzle clues:

- Sala de espera
- Duas modalidades de luta
- Tribunal Regional do Trabalho (sigla)
- Marca de agressão
- Matéria vulcânica
- Período iniciado em 2001
- Venda pública através de lances
- Do estado cuja capital é Maceió
- Que não deixa atravessar água
- A 3ª nota musical
- Também não
- Mato Grosso do Sul (sigla)
- Gato, em inglês
- Que não fala
- Sílaba de "tumba"
- Arrumadeira de quartos
- Decomposição; desagregação
- (?)-Matre: ajuda as gestantes
- Amansa; domestica
- Bate (as horas)
- Harmonia
- Alérgico respiratório
- Nêutron (símbolo)
- Queimado (cadáver)
- Pais da mãe ou do pai
- Sem miolo
- Sílaba de "teste"
- Relativo ao antigo Irã
- Dar as (?): comparecer (pop.)
- Conversar acerca de
- Vogal do masculino
- "(?) tarde do que nunca" (dito)
- Agnaldo Timóteo, cantor
- Baralho da cartomante
- Gosta muito de
- Navio de Cabral
- Ferir; machucar
- Temor; receio
- Que não está cozida
- Concede
- Consoante de "rua"
- Separam os terrenos

BANCO: 3/cat — nau — trt. 5/persa. 6/leilão. 9/antessala. 10/dissolução.

criptograma

Para letras iguais, símbolos iguais. Resolvido o passatempo, surgirão, nas casas em destaque, os dois países da América Latina que fazem fronteira com o Estado de Roraima.

Caracteriza o produto alimentício perecível.		▲	✹	✚	◆	▲	◆	✪
Dar aplicação a.		○	♣	☏	✪	✐	▲	☏
Bagatela.		✚	✉	✧	▲	☏	✚	▲
Digno de louvores.		✹	♱	✐	✚	♱	✂	♱
Caçoada; deboche.		♱	○	●	▲	☏	✚	▲
Molhar de leve.		○	✪	◆	✪	✂	✪	☏
Ao (?) de: na direção de.		✉	✂	♱	✉	✖	☏	♱
Cantilena (fig.).		▲	◆	▲	✚	✉	✧	▲
Ângulos; perspectivas.		✂	♣	✪	✂	✖	♱	✂
Recado comum na entrada de cidades.	●		○	✈	✚	✉	◆	♱
Ativo.	✈	✚		♱	☏	♱	✂	♱
Cidade catarinense.	●	✹		○	✪	✉	▲	✠
"O (?)", obra-prima de Maquiavel (Lit.).	♣	☏		✉	✂	✚	♣	✪
Curvo; convexo.	▲	●		✠	✹	▲	◆	♱
O da poupança foi medida anti-inflacionária de Collor.	✂	♱		✹	✚	✂	✂	♱
Próprio de irmãos.	✹	☏		✖	✪	☏	✉	♱

diretas 31

Definições

- Veias e artérias (Anat.)
- A conta do mentiroso (dito)
- Conjunto de exames feito pela gestante
- Monarca
- Concerto de um só artista
- Paquerar (gíria)
- (?) Lobo, músico
- Repreendido; censurado
- Extensão de terra semeada
- Antônimo de "suavidade" (pl.)
- Importância; gravidade
- Parte mais lenta do circuito (autom.)
- Bens da noiva
- Aeronáutica (abrev.)
- (?) Verissimo, escritor
- Forma o trabalhador da indústria (sigla)
- Agasalho feito de malha de lã
- (?) de Santa Cruz, o 2º nome do Brasil
- Formato do benjamim elétrico
- Letra que indica o masculino
- Cortar os órgãos reprodutores
- Lis
- Lesão da mucosa bucal
- Em trajes de Eva
- Lado onde nasce o Sol
- (?) supletivo: é realizado à noite
- Erva do cheiro-verde (Cul. pl.)
- Torna muito frio
- Informado; avisado
- Sabor comum de sorvete
- Ene
- A 5ª vogal
- Assunto tratado no livro
- Vitamina da cenoura
- Nando Reis, cantor
- Alto-(?): a pessoa de bem com a vida
- Desatualizada (a roupa)
- Mau, em inglês
- Rondônia (sigla)
- Proposição a ser defendida (pl.)
- (?) cáustica, substância corrosiva
- Classe (?), a elite econômica
- Cabeça de gado
- Controle de montaria

BANCO 3/aer — 4/afta, bad. 5/lírio — rédea — senai — terra. 6/suéter.

diretas

32

Horizontais / Verticais (definições):

- Acessório da lavadeira de roupas
- Relativo ao órgão da digestão
- Gaze para proteger ferimento
- Condição perdida pelo pneu careca
- A cidade do Coliseu
- Acentuar; destacar
- Adubo constituído em geral de esterco
- 56, em algarismos romanos
- Inativo; fora de uso
- Marca que autentica o documento
- Formato da rosca
- Dentro, em inglês
- Da mesma maneira
- Sufixo de "doçura"
- Entediado; cansado
- Monte de areia das praias
- Unidade de medida de terrenos
- Autor (abrev.)
- Casebre; choupana
- Troçar; zombar
- Antônimo de "mau"
- Vitamina da laranja
- Gritos de dor
- Aviso
- Compõem o pomar
- A cama dos bebês
- Alumínio (símbolo)
- Pista do hipódromo
- Passa por filtro
- Inventar
- Chefe; guia
- Erre
- A popular babosa (Bot. pl.)
- "(?) macaco no seu galho" (dito)
- Nosso, em inglês
- Bebida popular cubana
- Tombar
- Renato Aragão, humorista
- A terra da axé-music (sigla)
- Enraivecer; enfurecer
- O início da adolescência
- O gosto do café forte
- Certa carta do baralho

BANCO: 2/in. 3/are — our — ura. 4/idem. 9/aderência.

diretas

33

| A Lua em relação à Terra | ▼ | Religião (abrev.) | Contratar carreto | O Dia do Índio | ▼ | Lixeiro (bras.) / Animal bravio | ▼ | (?) Ferraz, atriz / Pedaços de vidro | ▼ |

Horizontais:

- Dois talheres / Possuir
- Transporte como o do Pão de Açúcar
- À (?): à superfície / 2 + 1
- Saldar a dívida / Sílaba de "focas"
- Assim, em espanhol
- Isabella Fiorentino, modelo
- Reúne / Deus do amor (Mit.)
- Menciona / Péssimo
- Ene / Limpa o fundo do rio
- Machucado; lesão / Estreito
- Base da mesa (pl.) / Norte (abrev.)
- "(?) melhor quem ri por último" (dito)
- Atitude da pessoa caridosa
- Sela para cavalgadura
- H / Sílaba de "longe"
- Tapete fixo no piso (pl.)
- Autor (abrev.) / Ditongo de "muito"
- A família (fig.) / Corrida de jipes
- (?)-break, o set de desempate no vôlei
- (?)-negro carioca: o Flamengo (fut.)
- "Quem (?) boca vai a Roma" (dito)
- Migrante do sertão
- Doença combatida nas reuniões do AA
- Anno Domini (abrev.)
- Sufixo de "febril" / Oxigênio (símbolo)
- Interjeição usada para chamar

BANCO: 2/ei, 3/asl — tíe, 4/eros, 5/rubro, 10/alcoolismo — teleférico.

caça-palavra

Procure e marque, no diagrama de letras, as palavras da relação.

Malandro

- AMARASMADO
- BAMBALHÃO
- BANDARRA
- BANDOLEIRO
- CAFUMANGO
- DESOCUPADO
- ENCOSTADO
- ~~FOLGADO~~
- INDOLENTE
- LAMBEIRÃO
- MANGALAÇO
- MARGINAL
- MOLEIRÃO
- MORRINHA
- PACHOLA
- PREGUIÇOSO
- VADIO
- VAGABUNDO
- VALDEVINOS

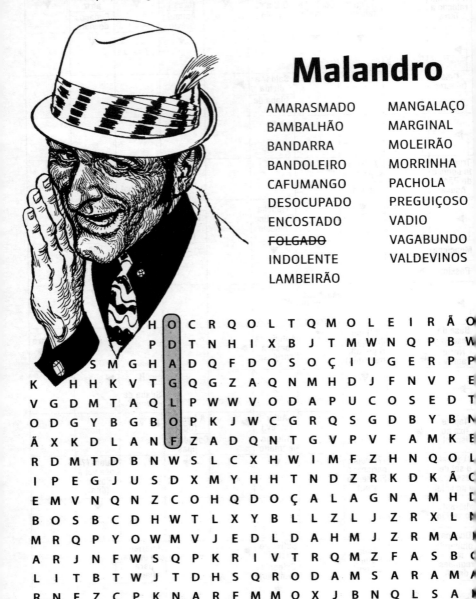

diretas 35

Clue	Content
Fenômeno básico na prática da telepatia	
Diminuição do sentido da audição	
(?) reto: possui 90 graus	
Tempero mais comum	
Planta de tubérculo comestível (bras.)	
Relativo à Ética	
Tamanho (abrev.)	
Mudar de região	
Acumular fortuna	
Ação do bebê antes de conseguir andar	
Recobre os campos de futebol	
A 2ª letra	
O polo dos pinguins	
Tecido do jeans	
Cair sob peso	
Ele	
Mesquinho; avarento	
Antônimo de "apagado"	
A + os	
Animal como o Pernalonga	
A frente do navio	
Escassa; incomum	
Fazer girar (bola)	
"Você", no e-mail	
Automóvel (red.)	
Grito	
Descarga elétrica de nuvens	
Qualquer objeto	
Junta; liga	
Ruído súbito e seco	
Conjunto de casas	
Relativo ao bebê ainda no útero	
Grife de roupa	
Sílaba de "caspa"	
(?) logo: despedida	
Letra muda	
Síndrome causada pelo HIV	
Elis Regina, cantora da MPB	
Satélite (abrev.)	
A da paz é branca	
Marcelo (?), apresentador de TV	
Atingido (o pedestre) pelo automóvel	
Carbono (símbolo)	
Apelido de "Tatiana"	
Poeira	
Hiato de "voo"	
Criatura como o Shrek (Cin.)	
Cada parte do esqueleto	

ANCO — marca. 3/tas. 4/aids. 5/berro.

criptocruzada

Resolva esta cruzada, sabendo que letras iguais correspondem a números iguais. Damos um exemplo como ponto de partida. As demais letras devem ser descobertas por dedução e/ou lógica, sabendo-se que formam palavras horizontais e verticais. À esquerda, fora do diagrama, damos a tabela das letras usadas no exemplo impresso e os espaços em branco para completar com as letras que for descobrindo.

#	Letra
1	A
2	
3	
4	
5	
6	
7	
8	
9	
10	
11	L
12	
13	I
14	
15	B
16	

1	2	3	4	3		4	1	5	1	2
6		5	3	7	8	1	9	3		5
10	6	1	5		10	11	3	12	13	1
7	1	11	14	15	5	10		1	5	2
1	8		4	1	10	7	2	5	13	1
	6	14	15	13	7	2	1		1	9
2	10	8	13	1		1	4	1	5	3
13	5	13		6	9	5	3	4		5
4		6	11	14	10		13	1	13	1
10	5	10	1		9	13	3	9	3	
7	3	16	2	15(B)	3	11		3	8	14
				13(I)		4	13	5	13	4
				15(B)	11	3	12		6	10
				11(L)	13		1	11	1	5
				13(I)	8	16	5	1		1
				1(A)	7	6	1	5	10	11

diretas

Clue	
Desfilam na Avenida Marquês de Sapucaí (RJ)	
Ação que se segue à mastigação	
Relativa aos EUA	
Ponto de saque no vôlei	
Construção de Noé (Bíblia)	
Cheiro agradável / Engordurar	
Recusado; rejeitado / Passar em filtro	
Hiato de "coelho" / Vogais de "pai"	
Lista / Passagem; entrada (pl.)	
Arte de governar os povos	
Estado cuja capital é Rio Branco	
Primeira vogal / Triste, em inglês	
Veículo da travessia Rio-Niterói (RJ)	
A (?): lhe / (?) Castro, atriz	
As barras da ginástica olímpica (esp.)	
Clínica estética / Satélite (abrev.)	
Tímida; retraída	
Letra do plural do Português / Administrador de empresa ou instituição	
A roupa que não foi passada	
Vitamina antigripal / 6ª nota musical	
Seres (?): são estudados pela Biologia	
Voz masculina mais comum (Mús.)	
54, em romanos / Movimento do oceano	
Cômodo das visitas / Sílaba de "lança"	
Sala de projeção de filmes (red.)	
A música que toca nas rádios (ingl.)	
Tio (?), apelido dos EUA	
Mulher (?), heroína de quadrinhos	
Band-(?): curativo / Sílaba de "subir"	
(?) Gagliasso, ator	
Causa medo	

BANCO 3/ace — aid — hit — rol — sad — sam — spa. 5/tenor. 8/política.

Em sentido contrário

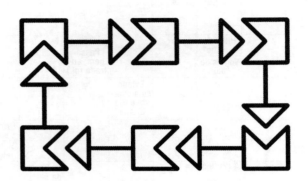

Quais são as setas que devem fazer parte de um encadernamento em sentido contrário ao do modelo acima?

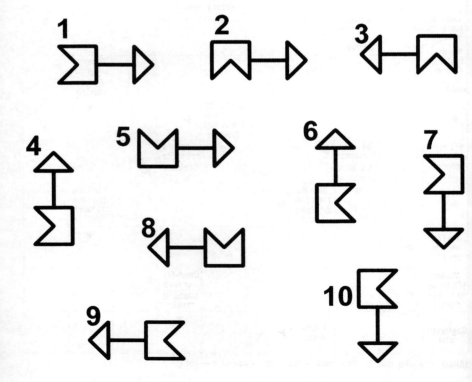

diretas

Clue	
Refil de lapiseiras	
Estendido sobre a cama	
Cachear / Avô (red.)	
Dependência como a do cigarro	
Santa (abrev.) / Campeão 4 vezes (red.)	
60 minutos	
Tornar-se menor	
Protegido externamente	
Cair a tarde; escurecer	
Bebida matinal	
Estratégia militar	
Sílaba de "furor"	
De fácil transporte	
Confusão extrema	
Loja comercial	
Função do varal	
Faz ingerir drogas	
Prejuízos morais	
Erasmo Carlos, cantor	
Alumínio (símbolo)	
Estrutura do avião	
Superfície delimitada	
Andar a cavalo de forma rápida	
Ligado, em inglês	
Armadilha para aves	
Pó branco perfumado	
Pê	
Escrevem o recado	
Máquina de tecer	
Na (?): à força	
A Cidade Luz	
A parte posterior	
Time de futebol italiano	
Guloseima de criança	
Encher em excesso	
Proibição	
(?) shop, loja de animais	
Pão de (?), bolo leve	
Interjeição de entusiasmo	
Bastão do rei	
Nome frequente entre os árabes	
Sem ter nada para fazer	
Jogo de tabuleiro	

BANCO 2/on. 3/pet. 4/bala — tear — trás. 5/milan. 6/tática. 8/portátil.

adivinhas

1. Quem tem a vida mais alterada pela Lua?

2. O que é que o ar e a água têm em comum?

3. Qual a fruta que lembra um objeto usado pelos cavaleiros?

4. Quem é que não é veterinário mas trabalha com animais?

diretas 41

Clues (across the grid):

- Dois tipos de correspondência
- Que tem título da faculdade
- Bairro boêmio do Rio de Janeiro
- São lapidadas pelo joalheiro / Natural (abrev.)
- Desenho cômico / Bate (as horas)
- Empanado e frito (o bife)
- (?) físico: apronta o atleta / Ofender
- O disco de vinil / Consoantes de "gás"
- Ácido celular (abrev.)
- Viola a confiança
- A Santa (?): a Igreja Romana
- Minha, tua e dela / A sereia do Folclore
- 500 folhas de papel / Neblina; nevoeiro
- 24 horas / Siga em frente
- (?) shop, loja de animais
- Atmosfera / Tempero de pizza
- Forma da ferradura / Criado de quarto
- Girar ao redor / Dente fatal do Drácula
- Saudação popular
- Necessidade; precisão
- Grama (símbolo) / 2
- Nenhuma das alternativas (abrev.)
- Primeiro de (?): Dia do Trabalho
- (?) de cheiro: perfume
- 101, em romanos
- Ácido genético / Iodo (símbolo)
- Dez, em inglês
- Cada membro da sociedade anônima
- As três primeiras vogais
- Autoridade; poder
- Artigo definido masculino plural
- Burro; jumento

BANCO: 3/adn — aei — nda — pet — rna — ten. 4/maio.

42 jogo dos erros

Embora os dois desenhos se pareçam muito, há, entre eles, SETE pequenas diferenças. Quais são?

diretas

Definições

- Frutos do mar
- Utensílio óptico
- Dez vezes cem
- A fogueira olímpica
- Acusada
- Coisa alguma
- Blusa sem mangas
- Vias de eliminação do suor
- Regra
- Nascido nos EUA
- Explorador de minas
- Saliência da cabeça de galos
- (?) Disney: criou o Pateta
- Nosso, em inglês
- Santo (?), cidade baiana
- Pós-escrito (abrev.)
- Corta rente o cabelo
- Domicílio; moradia
- Dar a (?) a: ajudar
- Veículo como o avião
- Profissional que fabrica joias
- Estúdio de filmagem
- Medida agrária
- Autores (abrev.)
- Mudar de lado
- Litro (símbolo)
- Dedicar a Deus
- Sem custo nenhum
- A esposa de Adão (Bíblia)
- Pássaros
- Raiva
- Maçã ou pera
- Sílaba de "grego"
- Passa por filtro
- Africano (f. red.)
- Excesso na comida
- Relativo a todos
- Grama (símbolo)
- Roça os dentes uns nos outros
- Organizar
- Creme; pomada
- Latitude (abrev.)
- Consoante de "até"
- Siga em frente
- Arco; argola

BANCO: 3/are — our. 4/afro — pira — walt. 5/range. 6/sagrar.

problema de lógica

Resolva o passatempo, preenchendo o quadro. Coloque S (Sim) em todas as afirmações e complete com N (Não) os quadrinhos restantes (veja o exemplo). Para isso, use sempre a lógica e/ou a dedução, a partir das dicas.

No computador

Evandro e outros dois rapazes ficaram acordados usando o computador até altas horas. A partir das dicas, descubra quem são esses rapazes, a que horas foram dormir e o que ficaram fazendo no computador.

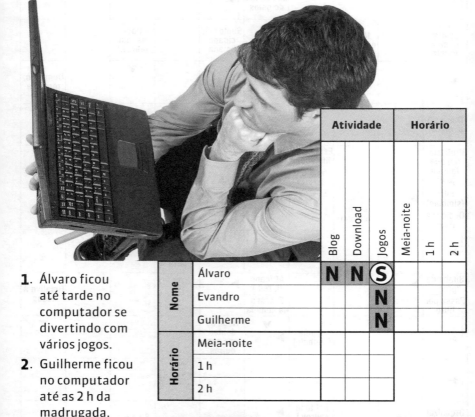

1. Álvaro ficou até tarde no computador se divertindo com vários jogos.
2. Guilherme ficou no computador até as 2 h da madrugada.
3. Um dos rapazes ficou acordado até meia-noite atualizando seu blog.

diretas

Crossword clues

Horizontais/Verticais:

- O primeiro e o nono signos (Astrol.)
- (?)-campeão: o segundo lugar
- Moles; macios
- Senhorita (abrev.)
- "Procurando (?)," animação
- Recurso para pequenas cirurgias
- Salão para corte de cabelo masculino
- Indústria de transformação do petróleo
- Absolver; declarar não culpado
- Par do macho
- Local de exposições
- Ódio; rancor
- Luta japonesa entre oponentes obesos
- Ordem de Serviço (abrev.)
- Isto é (abrev.)
- Compõem a década
- Desvio moral
- Citação (abrev.)
- Material para imobilizar fraturas
- Gesticular
- Deixar o local
- Norma de qualidade
- Ajuste; pacto
- Cruéis; perversos
- Artífice
- Criação; origem
- Sentinela
- De grande estatura (fem. pl.)
- Letra do dígrafo de "barro" (Gram.)
- Filtro (?), proteção à pele
- (?) os pés no chão: ser realista
- Até esse momento
- Comer à noite
- Autoriza a entrada de jornalistas em eventos
- Período fértil dos animais
- Tocantins (sigla)
- A 3ª vogal
- Concede
- A superfície do corpo da zebra
- Utensílio para raspar legumes

BANCO: 3/ira — ter. 4/srta — sumô — vice. 6/gênese.

caça-palavra

Procure e marque, no diagrama de letras, as palavras em destaque no texto.

Coisas de gato

Gatos são, sem **DÚVIDA**, belos e **SOBERBOS**. Não é à toa que muitas pessoas são suas admiradoras incondicionais e mesmo aquelas que não são aficionadas pela **ESPÉCIE** reconhecem seu **CHARME PECULIAR**. Que tal descobrirmos algumas curiosidades desse **BICHO** encantador?

- Esses animais não costumam dividir **ESPAÇO** com seus **IGUAIS**. Eles se distanciam uns dos outros para evitar **BRIGA**.
- Em tempos longínquos extraía-se o **PELO** do bichano para o tratamento de epilepsia e de **PESTE**.
- Um dentre 200 possui **ALERGIA** a humanos, sendo obrigados a evitá-los.
- Esses ~~FELINOS~~ apresentam cérebro **CHEIO** de **DOBRAS**, similar ao do **HOMEM**.
- Os gatos são incapazes de **SENTIR** o **SABOR** adocicado dos alimentos.

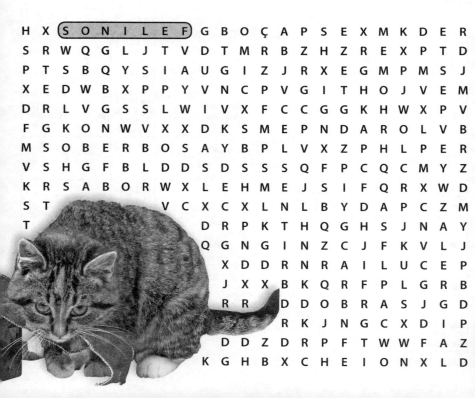

diretas

Clues:

- Hábito dos namorados no dia 12 de junho
- Dois artefatos explosivos usados em guerra
- Sílaba de "bagre"
- Caloria (símbolo)
- O que tem má sorte (bras.)
- Recebo como filho
- Doce de Natal feito com pão
- O navio que puxa outro
- 201, em algarismos romanos
- Mulher praticante da equitação
- Caio (?), ator brasileiro
- Aqui
- Tipo de leite
- Sólida; rígida
- Acessório de carros
- Pende para um dos lados ao andar
- O Continente Amarelo
- Ferramenta fixada à furadeira elétrica
- Orelha, em inglês
- Vinco; prega
- Atreve-se
- A Árvore Nacional
- Comida (pop.)
- Radical (abrev.)
- A índole do vilão
- Caminho; direção
- Cara de pau
- Borda de chapéu
- Possuir; haver
- Veste usada por maestros
- Membrana do olho
- Pedaços de vidros
- As primeiras lições
- Segue-se à oitava
- A filha dos Simpsons (TV)
- Ácido da aspirina (sigla)
- Que repousou por um bom tempo
- É simbolizada por uma lâmpada
- Vitamina antigripal
- Concede
- (?) e salvos: ilesos
- Membros das aves

BANCO: 3/ear — ipê. 4/plat. 5/manca — rango. 7/amazona.

criptocruzada

Resolva esta cruzada, sabendo que letras iguais correspondem a números iguais. Damos um exemplo como ponto de partida. As demais letras devem ser descobertas por dedução e/ou lógica, sabendo-se que formam palavras horizontais e verticais. À esquerda, fora do diagrama, damos a tabela das letras usadas no exemplo impresso e os espaços em branco para completar com as letras que for descobrindo.

| 1 | | 2 **A** | 3 **C** | 4 | 5 | 6 **R** | 7 **I** | 8 | 9 | 10 **S** | 11 | 12 **T** | 13 |

1	2	3 **C**	4	1	5	2
2		6 **R**	2	7	2	6
8	9	7 **I**		2	3	2
2		10 **S**	11	6	11	6
5	7	12 **T**				
2	8	2 **A**				
6	4	7 **I**	13	11	10	2
7	10	10 **S**	11		9	1
10	12		6	2	12	11
12	6	2	7	13	11	6
2	9	6		11	6	2

diretas

Clue	
Esforçado; zeloso	
Acessório para transporte infantil	
A favor de	Sinceros; fiéis
Antônimo de "oriental"	
Cada divisão da peça teatral	
Expressão facial do constrangido	

- Revirar para cima (a ponta)
- A primeira nota da escala musical
- A letra "L" do Cebolinha (HQ)
- Espécie de pão arredondado
- A Árvore Nacional / Mensageiro genético
- Como trabalha o policial militar
- Sílaba de "renas"
- Como andam as mulheres naturistas
- Encolhida (a musculatura)
- Falar em voz alta e clara
- Cidade dos Exageros (SP)
- É desobedecida pelo bandido
- Devolvem à liberdade
- Mulheres com mais de 65 anos
- Sufixo de "sortuda"
- Em + isso
- Ou, em inglês
- Mantra de meditação
- Ventre (Anat.)
- Tipo de pia de igrejas
- Via fluvial
- Sílaba de "touro"
- Alumínio (símbolo)
- A busca dos piratas (pl.)
- (?) Borges, cantor brasileiro

BANCO 2/or. 3/ato — ipê. 4/broa. 7/abdômen.

diretas

50

Definições

- Parte cortante das facas
- Marte, no Sistema Solar (Astr.)
- (?)-culpa: contrição
- Forte; energético
- Sem conteúdo (fem.)
- Manifestação musical como o hula-hula
- Árvore-símbolo do Paraná
- Técnica agrícola danosa ao solo
- Civilizar
- A primeira regência brasileira (Hist.)
- Albert Einstein, físico alemão
- Pano em que se envolve as crianças
- Filtro do sangue
- Grande, em tupi
- Ary Fontoura, ator
- Parte da viagem
- Designação de rochas negras
- Iguaria árabe
- Ingrediente da feijoada (Cul.)
- Ceder
- Enfeite de festa infantil (pl.)
- Menino (pop.)
- Pouco fundas
- Clássico baiano (fut.)
- Fim
- Ângelo Antônio, ator brasileiro
- Sódio (símbolo)
- Padroeiro de ourives e ferreiros
- "(?) Censura", programa da TV
- Condição das amas de leite no Brasil Império
- Abertura; fenda
- (?)-DOS, sistema de computador
- Região do Agreste (abrev.)
- Museu de Arte Moderna (abrev.)

BANCO 3/açu — mea. 6/cueiro — itaúna. 9/araucária.

diretas 51

Aparelho portátil de comunicação mais popular	▼	Neuróticos Anônimos (sigla)	(?) Lopes, jornalista	Congestionamento (trânsito)	▼	A primeira parte da viagem	Casa que publica livros / Cultiva	▼	Proveniente
Aborrecido	▶	▼	▼						▼
▶						"(?) é o melhor remédio" (dito) ▶			
Ferramenta niveladora / Interjeição de alívio		Minas Gerais (sigla)	▶		Apelido de "Tatiana" / Peça para cavar	▶			
▶			Apartamento (pop.) / Mau, em inglês	▶	▼		É dada pela professora		
▶				▼		(?) Barroso, compositor / O fruto da jaqueira	▶ ▼		
Espaço sem luz / Vento muito forte		Atmosfera ▶ / Relativo ao nariz			Don (?): conquistador	▼			
▶		▼						Envergonhado	
Aqui ▶ / A rolante é comum em shoppings / Sinal sonoro de perigo	▶		Cromo (símbolo)		(?) doente: adoecer	▶		▼	
			▼			Canto de certos pássaros			
▶					Material da boneca Emília (Lit. inf.)	▶			
▶		As três primeiras vogais		Produto Interno Bruto (sigla)	▶			A da esperança é verde	
Oposto de "norte" / O papel com acabamento lustroso / Pedal do carro	Grande mamífero brasileiro	▶	▼			Autran Dourado, escritor mineiro		▼	
▶						▼			
▶				Cheiro; aroma	▶				

BANCO: 3/bad — uta. 4/juan. 6/plaina. 9/acetinado.

Azulejo errado

No desenho abaixo temos o mesmo padrão de azulejos repetido. Em cada fila, começando da direita para a esquerda, o padrão se repete. Qual dos azulejos-padrão não respeita esta fórmula?

diretas 53

Palavras-chave (definições)

- Item da toalete masculina
- São Caetano, na sigla ABCD
- Sem mistura (fem.) / Para mim
- O país não industrializado
- (?) da história: conclusão de um conto
- O fruto da ateira / Perder a cor
- O prêmio lotérico que não saiu
- A letra da palma da mão
- Contestar / Acessório da canoa
- A garupa do cavalo
- Estrutura do avião / Sacerdote judeu
- Inverte a posição
- Aeronáutica (abrev.)
- Possuidor; proprietário
- Domado; domesticado
- Banda (?), ramo da telefonia celular
- Planta que faz "chorar" / Vasilha que "apita"
- O tempo passado
- Tipo de dente / Borda de chapéu
- Estudo minucioso
- Interjeição gaúcha
- Vitamina que previne o raquitismo
- Gerador de energia nuclear
- Por (?): por enquanto
- Protetor que evita que a comida suje o bebê
- Componente do alfabeto / Casa (fig.)
- Arruda e alecrim / Apelido de "Cristina"
- Fiei
- Caneta, em inglês
- Post-(?), adesivo / (?) Motta, cantor
- Sílaba de "picos"
- Imediações / Instrumento que encrespa o cabelo
- A região de Pernambuco (abrev.)

BANCO: 2/ft. 3/ata — pen. 4/anca — rabi — tecl. 8/frisador.

diretas

Definições

- O primeiro e o nono signos (Astrol.)
- Pequeno povoado
- Samba-(?), música do desfile carnavalesco
- Que não está morta
- Psiu!
- Produtos de higiene pessoal
- Membro eleito da Assembleia Legislativa
- Cumprimento informal
- Meditado; pensado muito
- Improrrogável
- Consumir (o jornal)
- Metro (símbolo)
- Bairro famoso por seus arcos (RJ)
- Prefixo de "semi-árido"
- Astro como a Terra (Astr.)
- Vogal de "umbu"
- Cada setor do hospital
- Cozinhou no forno
- Preposição de origem
- Única; singular
- Palpite em jogo
- Que leva à morte
- Líquido essencial à vida
- Despidas
- Interjeição de alegria
- Concede
- Sílaba de "comer"
- Pedaço de alimento
- A região do Paraná
- Pavimentar
- Loja de livros usados (bras.)
- Garota
- Encaixe do parafuso
- Louça do banheiro
- Algazarra; confusão
- Pará (sigla)
- Inseto que ataca papéis e tecidos
- Formiga, em inglês
- Gancho para pescar
- Jogada do vôlei
- Erico Verissimo, escritor brasileiro
- Coleção de quadros
- Aumentar (o som)

BANCO 3/ace — ant — una. 4/naco — sebo. 5/assou.

raças de cães

As palavras que pertencem ao tema apresentam asterisco nos quadrinhos referentes às definições. Cabe ao leitor descobri-las pelos cruzamentos ou por dedução.

			Certo sabor de sorvete		Museu da capital paulistana / Análogos; semelhantes		※		Posição para foto (pl.)
※							Antecessor do CD (sigla)		
※					Sem visão (fem.) / Antes da hora				
(?) Nova, movimento da MPB			Gotas						
			(?) Juan, homem galanteador		Antônimo de "antecipar"				
Profeta do Islã			※	Habitação de índios		Atua; pratica / Ali adiante			
Consoantes de "dose"		※ / Tecido de curativos							Coberto como o campo de futebol
							Deixar preocupado (bras. gír.)		
Setor mais cheio nos hospitais	Livro com retratos de família		Alcoólicos Anônimos (sigla)			Disposto			
Da cor do céu				De pouca frequência (fem.)					
Escolhido pelo voto									
					Término; encerramento				
Órgão que abriga o feto		O "tu" oblíquo	Raul Seixas, cantor	※					
Remessa; envio					Louco, em inglês				
					Sua capital é Porto Velho (sigla)				

3/don — mad — oca. 4/masp. 6/gritar. 7/emissão. CONVANCO

caça-palavra

Procure e marque, no diagrama de letras, as palavras em destaque no texto.

Trânsito letal

- Os acidentes de **TRÂNSITO** são a **PRINCIPAL** causa de mortes de **JOVENS** no **MUNDO**, superando as perdas pela **MALÁRIA** e a **AIDS**.
- Este é um dado divulgado pela **ORGANIZAÇÃO** Mundial da **SAÚDE** (OMS), que prevê uma piora deste quadro até 2030.
- O problema ganha dimensão com o fato de que o mundo está vivenciando um período de maior **CRESCIMENTO** econômico dos países emergentes, que constroem rodovias e despejam carros nas ruas com motoristas sem preparo para a complexidade do **TRÁFEGO** de suas cidades.
- No **BRASIL** a situação é **GRAVE**. Aqui ocorrem, segundo a OMS, 18,3 mortes no trânsito por 100 mil habitantes a cada ano. Na Alemãnha, Grã-Bretanha, **HOLANDA** e **SUÍÇA**, que têm os menores níveis de **MORTALIDADE**, o **ÍNDICE** é inferior a seis.

G	R	S	G	D	N	Y	W	W	P	N	A	G	Q	S	N	E	V	O	J	N	M	Z
T	F	T	M	K	Q	V	O	V	B	S	V	I	S	Q	T	T	P	S	X	G	B	R
C	G	Z	W	D	K	T	C	P	R	M	P	K	D	Z	Q	W	Z	M	C	L	X	C
G	C	P	A	T	I	T	L	Q	A	V	T	R	X	S	Q	F	Z	Z	A	D	P	V
F	Y	H	D	S	X	C	Z	B	S	B	L	M	B	V	Y	F	N	P	W	T	G	B
D	D	S	N	B	B	J	B	F	I	J	G	N	B	Y	S	P	I	Q	B	Y	T	F
Q	P	A	A	K	B	M	F	T	L	R	M	K	W	L	H	C	Z	H	B	K	R	L
T	R	X	L	V	E	C	A	M	V	M	J	P	E	M	N	P	M	F	O	H	A	P
T	Z	C	O	S	D	B	X	L	Z	Y	Z	V	Q	I	V	L	B	X	T	R	F	P
S	R	D	H	R	A	B	N	M	A	N	A	Y	R	Z	J	G	R	G	N	Q	E	E
Z	Z	F	T	K	D	W	M	X	X	R	M	P	L	Z	C	C	F	W	E	N	G	D
T	P	V	V	V	I	S	R	T	G	K	I	V	W	K	Y	H	Z	W	M	W	O	U
A	Ç	I	U	S	L	D	F	F	M	N	D	A	R	G	D	S	G	C	I	M	M	A
D	N	D	T	L	A	T	H	I	N	D	I	C	E	M	Q	S	S	N	C	G	T	S
Y	X	Q	N	M	T	K	Q	S	T	S	X	K	P	L	Z	Q	K	B	S	C	X	D
R	Q	W	M	B	R	S	O	R	G	A	N	I	Z	A	Ç	Ã	O	G	E	X	Y	B
G	P	Y	X	H	O	W	R	N	X	C	D	X	Z	S	H	F	N	F	R	Z	T	K
H	X	B	J	F	M	G	L	W	M	U	N	D	O	G	M	F	F	J	C	V	F	N

diretas

Combustíveis de automóveis	▼	Com ela se assinam documentos	Opõe-se à proa, no barco	▼	Muito visível	Limitada (abrev.)		▼	Artéria principal do corpo
						Sufixo de "burrico"	O cômodo das visitas		
O sócio da empresa	►				▼	▼			▼
Ligeiramente polvilhado de sal	►								
►			Afundar na lama (o carro)	►					
Filho, em inglês				De (?): sensacional (a festa)		Derivado da soja		O nariz com a ponta virada para cima	
Rita (?), cantora	►								
►				▼		▼	Arnaldo Antunes, músico brasileiro	►	
Que tem muito ritmo	►		Fazer girar (bola)	►					Que defende de ataque aéreo (fem.)
Em + a			Cromo (símbolo)						
Habilidoso		Centro de Terapia Intensiva (sigla)	▼ ▼		Comete uma falha	►			
					(?) e salvo: ileso				
►				▼			Entrada (abrev.)	►	
							Congrega jornalistas		
Inscrição de banheiros femininos		Corpo que atrai o ferro	►		A carne para rechear o pastel	►			
►		Saudação matinal	►		▼				
		Filtrar (o café)							
Bruxa do "Sítio do Picapau Amarelo" (Lit. inf.)	►		▼		Ato de defesa do pássaro		Gato, em inglês		
Soma		O "tu" oblíquo		(?) Paz, capital boliviana	►			▼	
►		▼	▼						
Instrumento de corda em forma de "U"	►				Como o preguiçoso gosta de ficar	►			

BANCO 3/abi — cat — son. 4/lira — popa. 5/aorta. 6/caneta. 7/jeitoso.

diretas

Clues
Ingrediente de pudins
Armação protetora de garrafa
Terceira vogal
Aparelho para tecer
Ara (?), grupo de axé-music
Pequena elevação de terra
(?) de Oliveira, cantora
Muito inteligente (pop.)
Propósito do treinamento dos bombeiros
Catastrófica
Papai (?), figura natalina

Clues (coluna 2)
A maior região do Brasil (abrev.)
Rejeitar
Anestésico líquido
Torna sem efeito
Camisa 10 do Tetra
Ver, em inglês

Clues
Acreditar
Medida térmica
Corrida de jipes
Lixeiro (bras.)
Corda para roupas

Clues
A base da família
Causas; motivos
Código de acesso
A, e, i, o, u

Clues
Veias e artérias (Anat.)
Pelo espaço de
Romano (abrev.)
Bastão de sinuca
Sílaba de "grego"
(?) Stresser, atriz
Faixa de rádios
Consoantes de "tipo"
Avaliar na balança

Clues
A marcha que faz o carro ir para trás

Clues
Carta feminina do baralho
Bate-papo através da internet (ingl.)
Tonelada (símbolo)
Mem de (?), figura histórica

Clues
Ou, em inglês
Fêmea do Rei dos Animais
Gostar muitíssimo

BANCO 2/or, 3/raí — see, 4/chat — ketu — tear, 5/anula.

diretas 59

Clues
Produto usado para clarear roupas
Preparação para o jogo
"(?) melhor quem ri por último" (dito)
Mordida de cobra
Cessar; interromper
Band-(?): curativo
Teto de concreto armado
Ivete Sangalo, cantora de axé-music
Exercício para "tirar" barriga
(?)-fina: milionária
Opção daquele que entra nas Forças Armadas
Norma; regra
Divisões do tabuleiro de damas
Neles se penduram camisas no armário
Acalmar (por meio de medicamento)
Aparelho para enxugar o cabelo
De + as
Olhar; observar
Substância vendida pelo tráfico (pl.)
Torta, em inglês
"Abre-te (?)", frase de Ali Babá (Lit.)
Principal atribuição das farmácias
A ciranda (Folcl.)
Mau, em inglês
Sílaba de "beiços"
Jogo eletrônico
O sabor da derrota
Criar bolor
Conduza a canoa
(?) Barroso, compositor
Perder a esperança
Discípulo descrente
Pequeno (abrev.)
Revestiram; cobriram
Casa de assistência social para idosos
Grande apetite

BANCO: 3/ald — bad — pie. 4/game — gana. 5/motar.

cruzadox

Partindo da palavra-chave já impressa, preencha o diagrama de palavras cruzadas com os vocábulos das chaves.

3 letras	PAU	5 letras
AGÁ	TOP	DIVÃS
AMA		UFANO
AND	4 letras	
APÊ	AFIM	6 letras
ARS	ÁGAR	FEUDAL
ERÊ	ANÃO	OPOSTO
IDO	CAIS	
MAL	COLA	7 letras
MAU	ÉGUA	AGREDIR
OEA	FREE	BISCUIT
OLÁ	GAMA	BURUNDI
ORÓ	IARA	ESTAMPA
OTO	MUSA	INSOSSA
PAM	ODIN	MACERAR
	ODRE	OUSADIA
	ORCA	SLOGANS
	~~OSSO~~	
		10 letras
		ASSALTANTE
		ESTRIBILHO
		OCORRÊNCIA
		PARAMARIBO

diretas

Clues
Fazer ingerir bebidas alcoólicas
Trabalho que permite consulta a livros e Internet / Que não é bom
(?) Bündchen, ex-modelo / Revolta
Pequeno veículo de corridas / Um dos compartimentos do "closet"
Quarto, em inglês
Sigla inglesa dos EUA
Que não é claro
Bolinho de carne e trigo
Aquilo que se faz / Nome do sinal "@"
Advérbio de afirmação
Colocar na geladeira / Malvada
Exame não escrito
Devagar; lento / Artista como Djavan
Perfume (poét.)
(?)-Pererê, entidade folclórica
Difícil de encontrar
Carinhoso; meigo
(?) Seixas, cantor brasileiro
O formato da elipse
Lindo; bonito / Ir, em inglês
Sabrina (?), apresentadora de TV
Conteúdo de botijões / Que não é reto
Conversa informal
Breve; rápido
Fêmea de felino doméstico
Pequenos círculos
A maior cédula de real
Roda; vira
Estrela que ilumina a terra
Inventor / Piauí (sigla)
Saboroso; gostoso
Sobrinho do pai
Membros de pássaros

BANCO 2/go. 3/usa. 4/room. 5/prosa. — quibe — terno.

jogo da memória

Você tem boa memória? Que tal colocá-la à prova?

Olhe atentamente o desenho, para depois responder às 10 perguntas abaixo. Se você acertar todas, eta memoriazinha fotográfica, hem? Agora, se você não acertar nenhuma, tente ao menos lembrar o seu nome. Esqueceu? Puxa!

Agora, tape a ilustração com uma folha de papel, vire a página de cabeça para baixo e responda às seguintes questões.

1. Você viu nuvens no desenho? ( ) sim ( ) não
2. A mulher está dormindo? ( ) sim ( ) não
3. Há uma cachoeira na ilustração? ( ) sim ( ) não
4. O homem usa um boné? ( ) sim ( ) não
5. Existe um animal no desenho? ( ) sim ( ) não
6. Há pedras no chão? ( ) sim ( ) não
7. Aparece um peixe na cena? ( ) sim ( ) não
8. Você viu um relógio na ilustração? ( ) sim ( ) não
9. Existe um avião no desenho? ( ) sim ( ) não
10. O homem está sorrindo? ( ) sim ( ) não

dominox

O Dominox consiste em escrever no diagrama, respeitando os cruzamentos, as palavras em destaque nas chaves.

Para comemorar

Algumas datas comemorativas do Brasil.

4 letras
Dia das MÃES (2º domingo de maio)
Dia do CEGO (13 de dezembro)
Dia do SELO (1º de agosto)
Dia dos PAIS (2º domingo de agosto)

5 letras
Dia Mundial sem CARRO (22 de setembro)
Dia Nacional do LIVRO (29 de outubro)
NATAL (25 de dezembro)

6 letras
Dia do MÉDICO (18 de outubro)

7 letras
Dia das ABELHAS (3 de outubro)
Dia Nacional de COMBATE ao Fumo (29 de agosto)

8 letras
Dia da AMAZÔNIA (5 de setembro)
Dia da NATUREZA (4 de outubro)
Dia do TRABALHO (1º de maio)
Dia do TRÂNSITO (25 de setembro)

9 letras
Dia da TELEVISÃO (11 de agosto)
Dia do ESTUDANTE (11 de agosto)
Dia do PROFESSOR (15 de outubro)
Dia Nacional da VACINAÇÃO (16 de outubro)

Vacas no espelho

As imagens das vacas refletidas nos espelhos estão trocadas. Quais são as corretas?

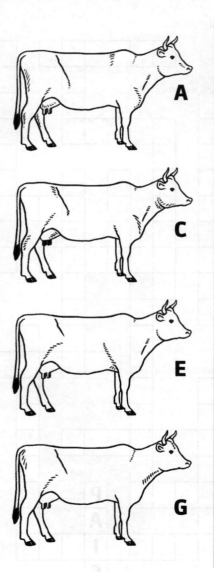
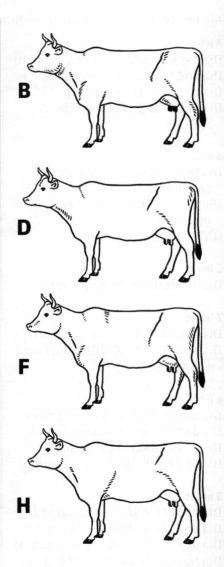

ILUSTRAÇÃO: DIL MÁRCIO

diretas

Horizontais / Verticais (grade de palavras cruzadas):

- A Lua em relação à Terra
- Big (?), atração de Londres
- (?) Moraes, atriz brasileira
- A de mascar é preferida por crianças
- Alimento da galinha
- Suplemento de jornal
- Fêmea da alcateia
- O exercício para fortalecer os músculos da barriga
- Acabado; concluído
- Exército Brasileiro (sigla)
- Gás da respiração humana (símbolo)
- Formidável (bras. gír.)
- Monte de sal
- Dignidade
- Subornado (fig.)
- A ponta da caneta hidrocor
- A carta sem assinatura
- Pai do avô
- (?)-mail, correio da internet
- A frente da embarcação
- Corrida, em inglês
- A umidade da noite
- Malfeitor
- Vitamina para os ossos
- Não fundo
- A mão direita
- Sílaba de "pinça"
- Pouco-caso
- Fita de pano
- Registro e reunião
- Título católico
- Apara o pelo do cão
- (?) está: eis aqui
- Letra tê
- Preposição de lugar
- Confusão (gír.)
- Sociedade Anônima (abrev.)
- Um dos ofícios do gari
- A cor do Bob Esponja (TV)

3/ben — run. 4/frei — proa. 6/genial. 7/relento — vendido.

criptograma

Para letras iguais, símbolos iguais. Resolvido o passatempo, surgirá, nas casas em destaque, o procedimento que, em telefonia, permite a troca de operadora sem alteração do número do telefone.

(?) lunar: tem 28 dias.		⑥	✂	☂	✖	☺	✖
A revelação da pitonisa.		✂	♥	⇨	★	✉	✖
Aquele que falta a seus deveres.		⑥	✉	♥	✈	❖	✖
Doce de rapadura e farinha de mandioca (bras.).		♥	✉	⌂	♥	☺	♥
Falência de qualquer órgão vegetal ou animal (Med.).		✈	✉	♥	❖	☂	♥
Embalagem de creme dental.		☂	❖	✏	♥	🐟	♥
Absurdo.		✉	✖	🐟	☂	⇨	✖
Choradeira.		♥	♠	★	✂	☂	♥
Falta de atividade.		✏	⑥	✂	⇨	☂	♥
Cataclismo que destruiu o mundo (Bíblia).		☂	✉	★	⚡	☂	✖
Fruto apreciado nas festas natalinas.		♠	⑥	✏	☺	✖	♥
Pintor de "A Última Ceia".		♥	⚡	☂	✏	⇨	☂
Tecido usado ao redor do pescoço.		⇨	⌂	♥	✂	✈	⑥

diretas

67

A capital do Tocantins e a do Paraná	▼	Distúrbio psicológico que causa ansiedade	Inteiro; completo	▼	Coisa alguma / Fazer versos	Proteção de bancos contra assaltos	▼	Que não vai à aula / Cem unidades	▼
Continente de formato circular		▼	▼		▼			▼	
▶									
Combustível de caminhão / Alteram	▶					Explosivo de minas / Conclusão	▶		
▶				Afeição; simpatia / Gritar como o sapo	▶	▼			
Sentido apurado no cão / Igual		São punidos pelas leis	▶	▼					
▶					Irmão (fam.)	▶			
▶						Concede	▶		Compõem uma multidão
Chamar com gesto / Substituição		Tipo de agasalho para os ombros / Guarita; abrigo	▶					Sétima nota musical	▼
▶			▼		Etapa / À (?): à superfície			▼	
Tecla de computadores		Arte, em inglês / Criar asas	▶		▼	Flor de brasões / Ácido nucleico	▶		
Que é muito rico	▶	▼		É essencial ao surfe / Vazio	▶			3, em algarismos romanos	
▶				▼				▼	
Mesa de trabalho / Corrida de cavalos	▶					Imita a voz do gato	▶		
▶				Dia de (?): 6 de janeiro (Rel.)	▶				

3/art — dna — lis — tab — tnt. 4/todo. 6/cabine. 7/faltoso. 9/antártica. ONCO

diretas

Clues:

- Doador (?), portador do sangue do tipo O
- (?) Betti, ator
- Braço, em inglês
- Aparelho masculino de uso facial
- (?) cruzada: confusão de telefonemas
- Moeda da Europa
- Orquestra Sinfônica Brasileira
- Antiga parte do aparelho de som
- Animal como a ovelha Dolly
- Policial que protege as matas e a vida silvestre
- Em + um
- Marido da rainha
- Nicette Bruno, atriz brasileira
- Esfera
- Forma do dado
- Spike (?), cineasta
- O Correio Nacional
- Deter; reter
- Presentes oferecidos na época da Páscoa
- Estado amazônico
- Criada
- Anfíbio comum em brejos
- 502, em algarismos romanos
- Construção
- Lá; acolá
- Pó que cai no olho
- 9ª O nome da sexta letra
- "(?) dos Apóstolos", livro da Bíblia
- O ônibus oposto ao parador
- Ente; criatura
- Tolice
- (?) voador: óvni
- Atmosfera
- Observação (abrev.)
- Centro-Oeste (abrev.)
- Consoantes de "dose"
- 501, em romanos
- Madeira para queimar
- Com forma de bola
- A base do pandeiro
- Machado de (?), escritor brasileiro

BANCO: 3/ala — arm — lee. 5/lenha. 9/toca-fitas.

diretas

Clues:

- Trabalho final do curso de doutorado
- Um dos sintomas da meningite
- Enfeite de cabelo de meninas
- Comprador; cliente
- Parte do calçado que assenta no chão
- Filme com Camila Morgado
- Cidade paulista do Vale do Ribeira
- Vasilha de aduelas
- Raso; rente
- Flor-símbolo da castidade
- Tipo de anestesia para cirurgias complexas
- Diagrama muito usado em Estatística
- Hábito na vida do religioso
- Líquido temido pelo hidrófobo
- Marcha de carros
- Divisão da conta
- Bebida alcoólica muito doce
- Tem prioridade em filas
- Maior exportador mundial de carnes
- Interjeição que designa ação rápida
- Local da garagem em alguns edifícios
- O efeito do agrotóxico no organismo
- Muito introvertido (gíria)
- Frear (o carro)
- Você e eu
- Dificuldade; aperto (pop.)
- Átomo instável
- Matiz; tonalidade
- O de dezembro encerra o ano
- Mau, em inglês
- Os homenageados do dia 12 de junho
- Pão de (?), bolo leve
- Cosmético subposto ao esmalte

Respostas (rodapé, invertido): ...ANCO. 3/bad — íon — rês. 4/fita — tese. 6/rateio. 9/enrustido. CONV...

caça-resposta

Exemplo

~~AZEDO~~
~~BAETA~~
~~ODEON~~
~~PAGAR~~
~~PATAS~~
~~SAIR~~
~~SOBEJO~~

Primeiro, resolva o caça. Em seguida, com as letras não utilizadas, forme a resposta à pergunta.

Qual o estado cuja capital é Rio Branco?

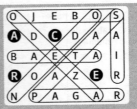

Qual foi o esporte praticado por Oscar Schmidt?

ACOSTAR	BALEIRO	DOCE	RABUGENTO
ADVOCACIA	CARNAÚBA	ETANOL	ROSNAR
AGACHADA	CEAR	GAIVOTA	SEDE DA ONU
AGENDA	CHICLETE	IGARAPÉ	TARDIO
ALTA	CICLISMO	LEALDADE	TECLA
ANÚNCIO	CROCODILO	OLARIA	TOCA-FITAS
ATOLADO	DEBILIDADE	ORELHA	ZONA
BADALADOR	DIRIGÍVEL	PÁSCOA	

```
O L I D O C O R C S A T I F A C O T
L D E B I L I D A D E G A I V O T A
A B U A N R A C V B A D A L A D O R
R B O N L A I O L R U T E C L A E D
I A R U S D C G A I O G O D H T C I
A G E N D A A P I L S S E L A A O O
N Q L C C U E D E V T M N N A O D T
O C H I C L E T E A E A O A T D N A
Z E A O C S A P R B A L E I R O O U
```

diretas

71

Clue							
A caderneta do aluno		A letra na roupa do Super-Homem (HQ)	Desejo de beber	Reação instintiva à barata / O homem		"Devagar (?) vai ao longe" (dito)	Sem sal (fem.)		Teste de (?): prova a paternidade / Margem
Aquele que matou alguém								
Letra do infinitivo verbal		Representar em Teatro / Nome da 6ª letra						
Enfado; aborrecimento						Estado da Região Nordeste	(?) de arroz, cosmético facial	
				(?) do Mundo, o maior evento do futebol				
Pessoa trocada pelo resgate			Ligado (o abajur) / Reflexo no espelho					Tornar mais denso; condensar
Molhar com saliva		Antiga medida de distância (pl.)					Reinventado	
				Pouco frequente / 6ª nota musical				
(?)-mail, mensagem via internet		Traje de luxo					(?) entre nós: em segredo	
Certo jogo de cartas						300, em romanos / Linha do carderno		
Por baixo de		Pelos do rosto do homem		A placa de cruzamentos				
			Saudação informal / Cura-se de doença				Intransitivo (abrev.) / Triste, em inglês	
Puxada à força				Aplicar; empregar / Relativo ao nariz				
Dia do (?): 1º de Maio								

BANCO: 3/dna — sad. 5/pauta — tédio. 6/milhas.

adivinhas

1. Qual é a cidade que só tem morto?

2. Por que o canibal gosta de festa junina?

3. O que o funcionário do canil faz quando fica nervoso?

4. O que acontece quando um pelotão encontra um palhaço na guerra?

diretas

Definições

Horizontais / Verticais:

- O plano alternativo
- Assento móvel do carro
- (?)-line: não conectado à internet
- Recomendação médica ao sedentário
- Conduta moral do médico
- Oração de sentido completo (Gram.)
- De preço alto
- Apelido de "Eduardo"
- Cair a tarde; escurecer
- Sucede ao "M"
- Omelete
- Sobrinha do pai
- Cadastro de Pessoa Física (sigla)
- Agente causador de gripes
- Vaso sanitário
- Detector de aviões
- Endinheirado
- Ano (?): período de aulas
- Possuir; haver
- Estrada, em inglês
- Edição (abrev.)
- Que provoca medo (fem.)
- Partidário de uma doutrina
- Incêndio
- História lendária
- Atacante do Cruzeiro
- Rumava
- Gratuita
- Flúor (símbolo)
- O sucessor do videocassete
- Saltar
- Conversa (bras. gír.)
- Resfriado
- Carga
- Vasco da (?), time carioca
- Minha e (?): nossa
- Bebe
- Produto usado nos cabelos
- Ação de guardar em armazéns
- Sinal gráfico de "tão" (Gram.)
- Nome da sétima letra
- Característica do girassol (Bot.)

BANCO: 3/cpf — off, 4/fred — mito — road, 6/adepto, 9/estocagem.

criptocruzada

Resolva esta cruzada, sabendo que letras iguais correspondem a números iguais. Damos um exemplo como ponto de partida. As demais letras devem ser descobertas por dedução e/ou lógica, sabendo-se que formam palavras horizontais e verticais. À esquerda, fora do diagrama, damos a tabela das letras usadas no exemplo impresso e os espaços em branco para completar com as letras que for descobrindo.

1. ___
2. ___
3. **L**
4. **T**
5. **O**
6. **A**
7. **R**
8. ___
9. ___
10. ___
11. ___
12. ___
13. ___
14. **I**
15. ___
16. **M**
17. **P**
18. ___

1	2	3	4	5		6	1	6	7	6
5	8	9	7	4	6	10	6		2	8
11	5	11	6		11	6	12	6	12	5
13		10	14	9	4		5	3	5	7
14	1	9		3	9	14	4	5	7	6
13	5	6	10	5	7					
14	12		14	14	14					
5	7	5	15		5					
	14	16	17	6	7					
6	7	14	9	15						
4		4	7	6	16	17	5	3	14	16
		T	**R**	**A**	**M**	**P**	**O**	**L**	**I**	**M**
6	10	14	15		6	3	18	6		6
1	6	7	14	1	14	6			12	6	18
6	3		13	6	15	1	6	14	11	5
16	6	16	6	7		6	18	6	4	6
6	14	6		6	4	7	9	3	6	7

membros da família

As palavras que pertencem ao tema apresentam asterisco nos quadrinhos referentes às definições. Cabe ao leitor descobri-las pelo cruzamento ou por dedução.

Multiplicar pelo fator três (Mat.)	Qualidade que se repete a intervalos iguais	▼	Soltar a voz (o gato) ✻	Bebida servida após as refeições	▼	Significado do "T", na sigla PT	▼
▶			▼			Visitante do "País das Maravilhas" (Lit.)	
Orelha, em inglês ▶				Cômodo do presidiário ▶			
Erva usada em saladas							
▶					✻		
Tiro ao (?), esporte olímpico	Maracanã (pop.) ▶				▼		
	Ligar; associar						
▶	▼			Carinho; meiguice	Sílaba de "viável" ▶		
					Seguia; rumava		
▶			✻ ▶	▼	▼		Na hora (?): no momento exato ▶
✻ Rio Grande do Norte (sigla) ▶			Vogais de "zebra" ▶		Band-(?), protetor de machucados	✻	
▶				Escola Municipal (abrev.) ▶		▼	
Bicar		Rubro-(?), apelido do flamenguista ▶		▼			
Livro em que se guardam as fotos da família ▶					Murilo Rosa, ator ▶		
Seção hospitalar para recém-nascidos (pl.)		A letra "L" do Cebolinha (HQ) ▶		A 3ª nota musical ▼ ✻ ▶			
▶							

BANCO 3/aid — ear. 5/licor — picar. 6/agrião.

diretas

Clue								
Profissão que foi exercida por Marcelo Rezende		Que sofreu contusão (fem.)			Olhado / Baralho da cartomante	Vai do menor para o maior		Corrida a cavalo / Cobrir de água	A casa de habitação (fig.)
Campanha (?): antecede às eleições								
O "palco" do desfile de modas		Perturbar / Número de dígitos do CEP						
Objeto para puxar água					As duas		Árvore japonesa anã	A VIP abriga os passageiros ilustres
				Época; período				
Mamífero roedor das matas			Apoia; firma / Querer bem a					
					Rio Grande do Norte (sigla)		Selo de qualidade total	
Estrondar; trovejar		Cheiro típico do mar / Réptil do Pantanal						
Local para compras				Bater (?): fugir (pop.)				Órgão que dá apoio a microempresas
				Período fértil da fêmea (pl.) / Nocivo				
Arco para os cabelos		O "P", na sigla TPM / Concede; dá				Sílaba de "tonto"	Nome da letra "B" / Formiga, em inglês	
Com acento na penúltima sílaba			De + aí / Cobrir o tabuleiro com óleo					
Fielmente								

BANCO 3/ant. 5/cutia — páreo — troar. 6/bonsai. 8/atordoar.

diretas

Clue							
Na foto, um apresentador, publicitário e empresário	Cidades pernambucanas	Associação de apoio a excepcionais (sigla)		Lodo; lama		De (?): realmente Porém; entretanto	
		O clima ameno					
A melhor produção do artista				Matemática (abrev.)			
Antônimo de "chique"				Malvada			
Beira-mar; litoral	Consistente como o requeijão						
				Artigo definido feminino			
Cometer descuido	O plano alternativo			Rádio (símbolo)			
Décima letra do alfabeto	A companheira de Adão (Bíb.)						
Vogal da vaia	Unidade de medida de terrenos			Acontecimento público			
Walter (?), diretor brasileiro de Cinema							
Campeão três vezes (red.)			À (?): à superfície	Possuir determinado preço		Galho de árvores	
				Cabra-(?), brincadeira			
				Stock (?), competição de carros			
Como é servido o café	Moça nobre						
Que não é grosso	Ganho; proveito						
	Na moda (gíria)						
		Para o		Armação da base do pandeiro			

BANCO 2/in, 3/are, 4/ápae — ilmo — ramo, 6/bobear.

cruzadox

Partindo da palavra-chave já impressa, preencha o diagrama de palavras cruzadas com os vocábulos da relação.

3 letras
ACA
ARE
CPU
DUM
EIS
EVA
GIR
GOL
LIS
OLÉ
ONO
PRÉ
RAT
RÉU

4 letras
ALÉM
AMAR
LIDO
MERA
ODOR
ZONA

5 letras
AINDA
ANGRA
ÁRIDO
ARNÊS
CISMA
LETAL
ORGIA
RÉGIA

6 letras
ARROJO
ESLAVO
GALOPE
MADONA
REMATE
TOLICE

7 letras
~~ACARAJÉ~~
ALUDIDO
ESGANAR
ESPÉCIE
ESPIRAL
GRADUAR
NITERÓI
OLOROSO
PREMIER
REALEZA
RECLAMO
RELATOR

8 letras
ARDILOSO
SAPUCAIA

no salão

As palavras que pertencem ao tema apresentam asterisco nos quadrinhos referentes às definições. Cabe ao leitor descobri-las pelo cruzamento ou por dedução.

Fêmeas da alcateia	Terra; chão
Sílaba de "urnas"	
A metade de meia dúzia	
Debaixo da (?): sob proteção	Por pouco; mais ou menos
Metal de fios elétricos	Deus muçulmano
Minha e (?): nossa	Até esse momento
Peça de roupa feminina	Contrário
Letra frequente em termos plurais
A Previdência Social (sigla)	
Que tem bastante idade	Sem força
Apartamento (bras. pop.)	
Grande confusão ou desordem
Lugar predileto do bebê	
Choque; colisão
Atividade em que se usa o anzol	
Estado da capital Palmas (sigla)	
Patrão; senhor
O sabor do mel	Prefixo de "semiárido"
Faz traços em	Faz girar
Cada piso de um prédio
Pegar (?): surfar	Logaritmo (símbolo)
Gritos de dor
Consoantes de "seta"	Sugestão útil
(?) pública: rua
Funcionários em experiência	
O "tu" oblíquo

BANCO: 4/doce — inss — semi. 5/cobre. 7/impacto.

diretas

Clue
Dois insetos saltadores
Sílaba de "basta"
Forma do funil / Edifício alto
Aceita (proposta)
Especialidade do dentista / Concluir
Brado em arenas
Santificado
Qualquer etapa
Em (?) de: a favor de
Alimento que o vegetariano recusa
Museu de Arte de São Paulo (sigla)
Selo de qualidade total
Extraterrestre (sigla) / (?) então: ainda
Cultiva (a terra)
Pequeno fruto silvestre arroxeado
Basta! / Composição poética popular (pl.)
Roberta Miranda, cantora brasileira
Estrutura colorida da flor / Desocupada
(?)-dia, saudação
(?) de fruta: antiácido
Ternos; carinhosos
Letra do remédio genérico / Tíquetes
Narrativa épica / (?)-estar: incômodo
A casa de gelo do esquimó
Cômodo de teatros para os atores
Deter; reter
Para o / É apurado no cão
Boné, em inglês
Rondônia (sigla) / 3, em romanos
Relativo ao grupo
Orlando Teruz, pintor
Parte de um porto
Local de observação dos astros
Senhor (abrev.)
Portanto; logo

BANCO 3/cap, 4/cone — prol — saga, 6/grupal — trovas.

diretas

Complexo vitamínico contra a anemia	Marca o término de uma corrida (autom.) / Interjeição que exprime cansaço		L / Brincadeira para calouros	Fenômeno do acento grave		(?) orgânico: tipo de fertilizante	Dar um (?): dar uma volta
Falsificar (documentos)							
"Cão que (?) não morde" (dito)	Dia extra de descanso / Desvelar; descobrir						
			Molhado; irrigado		A região do Paraná / As Índias Ocidentais		
Editores (abrev.)		Aceita em pagamento					
				Nona letra do alfabeto		Hidrelétrica no Vale do São Francisco	Festejo; solenidade
Que não está prisioneiro		Movimento realizado pelo pião (pl.)				Giovanna Antonelli, atriz	
				Órgão responsável pelo Censo			
Tranquilidade / (?) Nanini, ator		Multiplicar por dois / 201, em romanos					
				Sol, em inglês		Oduvaldo Viana, dramaturgo	
O de "sala" é "saleta" (Gram.)	"Quem ama, não (?)" (dito)		"Procurando (?)", filme da Disney		Domingo (abrev.) / Máquina de tecer		
Amarram; unem		Faixa comum de rádio (sigla)				O ocupante do berço	
Cheia de charme			(?)2, banda de Bono Vox			Consoante que, em geral, indica o plural	

BANCO 3/cci — sun. 5/crase. 9/adulterar. 10/glamourosa — sobradinho.

jogo da memória

Você tem boa memória? Que tal colocá-la à prova?

Olhe atentamente o desenho, para depois responder às 10 perguntas abaixo. Se você acertar todas, eta memoriazinha fotográfica, hem? Agora, se você não acertar nenhuma, tente ao menos lembrar o seu nome. Esqueceu? Puxa!

Agora, tape a ilustração com uma folha de papel, vire a página de cabeça para baixo e responda às seguintes questões.

1. A noiva usa sapato com salto alto? ( ) sim ( ) não
2. A mãe da noiva tem uma flor no chapéu? ( ) sim ( ) não
3. O futuro noivo usa boné? ( ) sim ( ) não
4. O cachorro está sentado? ( ) sim ( ) não
5. A gravata do pai da noiva é preta? ( ) sim ( ) não
6. O padre é careca? ( ) sim ( ) não
7. A mãe da noiva usa brinco? ( ) sim ( ) não
8. O porrete nas mãos da noiva tem um prego na ponta? ( ) sim ( ) não
9. A camisa do futuro noivo é quadriculada? ( ) sim ( ) não
10. O cachorro é malhado? ( ) sim ( ) não

diretas

Canelone e espaguete / Carro; veículo / Reduzido a migalhas	Grandes inimigos do Batman (HQ) / Interjeição de alívio	Aldeia indígena		Sabor de balas e chicletes	Formato da bola de futebol americano		Artigo escrito pelo redator-chefe	Divisão do terreno para venda
Vacina contra a poliomielite / Tribunal Superior do Trabalho (sigla)		Em frente de / Está (red.)			Exame Nacional do Ensino Médio (sigla)	Literatura (abrev.) / Delicados; macios		
			Ave da família do pato / Sufixo de "lípide"					Por (?): por enquanto
"(?) Garcia", livro de Machado de Assis / O alfabeto		Perder os sentidos; desfalecer		Moeda da Europa				
"(?) É Carioca", clássico da MPB					Combinam uma mistura			Iniciar (canto)
		Sólidas; consistentes		Relativo a ele / Divisão do baralho				
Produzidos pela natureza		Prejuízos morais					A direção da agulha da bússola (abrev.)	
						Objeto de escrita do professor		
A vida universitária		Jovem belo / Policial, em inglês						
A mulher que se casou (pl.)								
					A letra do herói Zorro (HQ)		"Brigam como (?) e gato" (dito)	

3/cop — uta. 5/sabiu. 6/entoar — naipes.

diretas

Crossword clues:

- Descobrir por intuição
- Duas carnes com nomes de animais
- (?) Paes, atriz
- Enraivecida
- Siga em frente
- Recipiente para perfumes
- Exercício físico de baixo impacto
- Refresco rico em vitamina C
- Não funda
- Estilingue (bras.)
- Sílaba de "rolo"
- Antigamente
- De + as
- Pedaço de pano comprido
- Enfeita
- Casa (fig.)
- (?) sincronizado, esporte olímpico
- Lição escolar
- Dinheiro (gír.)
- Diminuição da dor
- Rodolfo Amoedo, pintor brasileiro
- Oto Glória, ex-técnico de futebol
- Inalar a fumaça
- Rádio (símbolo)
- Estudada
- Medida da intensidade do som
- Cortar a madeira
- Ex-jogador brasileiro (fut.)
- Vegetação rasteira
- (?) escura: nela revelam-se as fotos
- Naquele lugar; acolá
- Língua dos índios brasileiros
- 101, em algarismos romanos
- (?) Borralheira: apelido de Cinderela (Lit. inf.)
- Camufla o anzol
- Peça de colchões
- Unidade de medida de terrenos
- Rebelião
- Tensão Pré-Menstrual (sigla)
- Roubo; rapina
- Irineu Marinho, jornalista brasileiro
- Antigo Testamento (abrev.)
- Multiplicar por três
- Construtor da Arca
- Negócio escuso (bras.)

BANCO: 3/are — tpm. 5/obina — relva. 6/mamata.

diretas

Clue							
Banda (?), ramo da telefonia celular	▼	Membro especializado da Polícia	Forçar a aceitar	▼	Pão de (?), tipo de bolo	Colarinho	▼
			Elementos típicos da paisagem holandesa			Sujeitar um bem imóvel como garantia	
Obstáculo (fig.)	▶		▼			▼	
D. Pedro (?), imperador do Brasil	▶	Colocar; depositar	▶		Óleo, em inglês		
		Grupo de alunos					
Roberto Carlos, cantor brasileiro		3, em algarismos romanos	▶		Sílaba de "depenar"		
	▼						
Prolongado	▶				▼		Fazer passar o café em filtro
Palito inflamável		(?) muito tempo: antigamente	▶	Abreviatura de "et cetera"	▶		▼
▶				Pronome feminino (pl.)			
Rio Grande do Sul (sigla)	▶	Sthefany Brito, atriz	Traje para formatura	▶			
			(?) Johnson, ator				
A partir de	▶	▼	▼	Casa (fig.)			
				Preconceito (?): é crime	▶		
Big (?), atração do centro de Londres		Falar muito alto	▶	▼			É fixado com o martelo
		Também não					
▶	▼	Estradas				Damas de companhia	▼
		Animal da raça da besta	▶				
Bairro da zona sul carioca	▶	▼	Primeira nota musical	Ao (?) livre: a céu aberto	▶		
Grande sujeira	▶		▼				
Transporte urbano		Sem ter nada para fazer	▶		Prata (símbolo)	▶	
▶			Referente a Portugal	▶			

BANCO: 3/oil. 4/beca — muar. 9/hipotecar — imundície.

jogo dos erros

Embora os dois desenhos se pareçam muito, há, entre eles, SETE pequenas diferenças. Quais são?

diretas 87

Clues:

- Ferramentas do carpinteiro
- Que não é duro
- Assento com encosto
- Professoras (infantil)
- Documento daquele que vota
- Material de louças (pl.)
- Seu lema é "Sempre Alerta"
- Correia de cavalos
- Recrutar para o serviço militar / N
- Chapéu usado pelo carteiro
- Seguro; fora de perigo
- A índole da bruxa
- Paio que se come cru
- Armadilha feita pela aranha
- Sozinho / (?)-a-deus, inseto
- Sílaba de "rumar"
- Material usado em meia-calça fina
- Ferimento no joelho / (?) Moraes, cantor
- Brado em arenas / Originam as chuvas
- Natália Thimberg, atriz brasileira
- (?)-Maria, oração católica
- Conjunto de atores
- (?) sonora, atrativo de filmes
- Medida de energia elétrica / Existir
- Dar as (?): aparecer (pessoa)
- Consoantes de "pneu"
- Conjunção aditiva / Sacerdote judeu
- Descobrir novamente
- Vogais de "zebra"
- A fogueira olímpica
- 50, em algarismos romanos
- A maior cédula de real
- Interjeição de alegria (bras.)
- Cheiro agradável; aroma
- Arco-(?): possui sete cores

Respostas: 3/oba, 4/rabi — volt, 6/trilha, 8/raladura. BANCO

jogo da memória

Você tem boa memória? Que tal colocá-la à prova?

Olhe atentamente o desenho, para depois responder às 10 perguntas abaixo. Se você acertar todas, eta memoriazinha fotográfica, hem? Agora, se você não acertar nenhuma, tente ao menos lembrar o seu nome. Esqueceu? Puxa!

Agora, tape a ilustração com uma folha de papel, vire a página de cabeça para baixo e responda às seguintes questões.

1. Existe um cavalo na cena? ( ) sim ( ) não
2. Aparece uma ave no desenho? ( ) sim ( ) não
3. Existe um gavião na ilustração? ( ) sim ( ) não
4. Há alguém usando chapéu? ( ) sim ( ) não
5. Você viu um carro? ( ) sim ( ) não
6. Observou a presença de montanhas? ( ) sim ( ) não
7. Alguma nuvem aparece no céu? ( ) sim ( ) não
8. Você lembra ter visto dois cactos? ( ) sim ( ) não
9. Há uma menina no desenho? ( ) sim ( ) não
10. Aparece algum riacho? ( ) sim ( ) não

diretas

A rosa	▼	Conteúdo da Constituição	Espírito Santo (sigla)	▼	Região de alcance da telefonia celular		▼	(?) coisa: isto	
					Consoantes de "gelo"	A 3ª vogal		Parte do rosto acima dos olhos	Contentado; satisfeito
Especialista em doenças como a asma	▶	▼	▼		▼	▼		▼	▼
▶						Telefone (abrev.)	▶		
						Blusa sem mangas			
Combustível de caminhões e de ônibus			Artigo feminino plural		Regina (?), humorista brasileira	▼	▶		
Passagem da bola no jogo		Prorroga (a data)	▶▼					Imposto de Renda (sigla)	
		Base do calçado							
▶		▼			Soltar a voz (o gato)	▶		▼	
Que não é verdadeiro			(?) fora: ir embora	▶				Cabana	
▶					Sílaba de "rumar"	(?) player, sucessor do toca-fitas	▶	▼	
▶			Loja de roupas e objetos usados	▶		▼			
Membro de insetos		Indiferente	▶						Temor; pavor
		Pedra antiafta							
O clarão noturno	▶	▼			(?) Calheiros, político brasileiro	A via de uso da pílula		▼	
Sensação auditiva									
▶			Possuir; haver	▶	▼	Fazer objeções	▶		
			Fonte de sal						
Pagar pelo trabalho	▶		▼						
Enforcar		Cultiva (a terra)	▶		Espaço de 12 meses	▶			
▶									

BANCO: renan, 6/brechó — diesel — neutro, 8/choupana, 9/remunerar.

criptograma

Para letras iguais, símbolos iguais. Resolvido o passatempo, surgirá, nas casas em destaque, o princípio que considerava alforriados os filhos de escravos a partir de 1871, no Brasil (Hist.).

(?) gasosa, tipo de refrigerante.		⌂	✂	▢	■	♠	❄	♠
Ao (?) de: na direção de.		■	❖	▢	■	✌	☺	▢
Aflito; apreensivo.		■	♥	✦	⌂	⇨	✌	▢
A atividade principal de Pestalozzi.	⇨		✦	❖	♠	❄	▢	☺
Alegria.	🚗		✂	✖	✦	✂	▢	☺
(?) orbital: nela se situa o olho.	❖	♠		⌂	❄	♠	❄	⇨
Anjo da primeira hierarquia.	♥	✦		☺	✦	🚗	⌂	✂
Aparelho para banho de imersão.	🚗	♠		✖	⇨	⌂	☺	♠
Anúncio luminoso.	▲	⇨		☺	⇨	⌂	☺	▢
A área de atuação da Embrapa.	♠	◊		⌂	❖	▢	▲	♠
Substituto das frituras em dietas para cardíacos.	◊	☺		▲	✖	♠	❄	▢
O presidente que exerce o segundo mandato.	☺	⇨	⇨		⇨	⌂	✌	▢
(?) de São Pedro, igreja do Vaticano.	🚗	♠	◐		▲	⌂	❖	♠
Ausência de cabelos.	❖	♠	▲		⌂	❖	⌂	⇨
Material que pode ser usado como terriço.	◐	⇨	☺		♠	◊	⇨	✂
Relativo ao belo.	⇨	◐	✌		✌	⌂	❖	▢

diretas

Horizontais/Verticais (Palavras Cruzadas Diretas)

- Protetor das pernas do atleta (fut.)
- Figuras-chave do Antigo Testamento
- Pôr para (?), etapa do preparo da gelatina
- Criancinha
- Simples; direto (fig.)
- CSN, SUS e SP
- "Casa" do mendigo
- Ponte (?): liga o Rio a São Paulo
- Escrito em duas línguas
- Peça plástica que fecha malotes
- O dedo da aliança
- Reprimido; refreado
- Classe (?): a elite
- Pedaço de alimento
- Atitudes que movem o ativista político
- Aflição; angústia
- Vogais de "seda"
- (?) e salvo: ileso
- Encarece
- Dia decisivo
- Poesia lírica
- Ironia; zombaria
- Intimamente ligada
- Girar em volta de
- Indica a direção
- A 3ª nota musical
- Sintetiza proteínas na célula
- (?) Chagall: criou vitrais para a Catedral de Metz, na França
- Deteriorado
- Átomo carregado (Quím.)
- Móvel da copa
- Causa aflição
- Matéria-prima da vela
- Sufixo de "boiada"
- A base do pandeiro
- Forma de estrada cheia de curvas
- Lady (?): a Rosa da Inglaterra
- "(?) e Progresso", lema da Bandeira
- Zeloso; diligente

BANCO: 3/ion — ode. 5/gelar — onera. 6/linear.

diretas

Clue								
Especialista em doenças como a asma	O sétimo e o penúltimo signos do Zodíaco	▼	Mole; macio	Dois estados físicos da água	▼	Sílaba de "zinco" / Bebida de frutas	▼	Santa (abrev.) / Divisão de hospitais
(?) Cubas, personagem de M. de Assis			Que é válido por um ano					
Faz a parte da acusação no tribunal					Basta; chega (interj.)		Diretor de instituição universitária	
								Passei por filtro
Rita (?), cantora brasileira		Estrutura que estabiliza o avião				O apetite sexual dos animais		
			Gosta muito de / Sílaba de "rumar"		Louco, em inglês			
Acabamento de uma roupa								
Pronome possessivo (fem.)		Inscrição nos foguetes da Nasa				Produtos da granja		
			Alegra / Cheiro; aroma					(?) caseiro: previne a desidratação
Arco; argola					Sílaba de "norte"		Um dos temperos da pipoca	
Réu (jur.) / Objeto que filtra			Combinar uma mistura					
						Pão de (?), massa de rocambole		

DOWN: 3/mad — sua — usa. 5/dosar — tenro. **BANCO**

diretas

15 de outubro	Telefone público (pop.)	Marcha que move o carro para trás	Animal da raça do burro (Zool.)		(?) Mineira, movimento do qual participou Tiradentes	Antônimo de "sim"
Nova-(?): moradora de uma famosa cidade norte-americana						
			Homem pequeno			
			Braço, em inglês			
A placa de cruzamentos		Arma com que se atiram flechas				Letras que iniciam as frases
			Anexo da cozinha em apartamentos		Metro (símbolo)	
Relativo aos polos		Pacífica; calma				
Homens-(?): mergulhadores			Cultiva (a terra)		Hiato de "voo"	
		As vogais do alfabeto				
		Que não se distrai				
Local de visitação a animais	Máquina de uso agrícola					
				Gordura na cintura (pop.)	São Caetano, na sigla ABCD	
Marcha (?), a baixa rotação do motor	(?) Johnson, ator e comediante		Grito comum na cadeira do dentista			
Loteria (bras.)				Consoantes de "feto"	101, em algarismos romanos	
Torna vigoroso						
O Tietê banha São Paulo			(?) Araújo, atriz brasileira			

BANCO 3/arm — rãs. 4/área — pare. 5/lenta.

numerox

94

Partindo do exemplo impresso como dica, preencha o diagrama com os números dados a seguir, respeitando os cruzamentos.

3 dígitos	4 dígitos	7933	39621	683219
329	1056	8804	57599	848181
370	1422		70768	
374	1497	**5 dígitos**	78643	**7 dígitos**
411	2343	00296	81760	1938107
641	2914	05184	92025	2142400
832	3340	09170		3131442
865	4407	17431	**6 dígitos**	5453233
910	5113	19926	241369	
930	5607	21983	420320	**8 dígitos**
990	5714	37997	~~621069~~	04328422
			652214	37391730

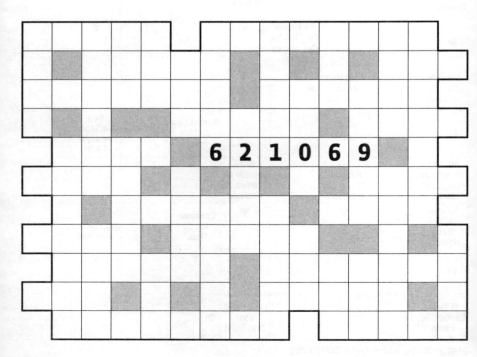

diretas

Definições:

- Amor-próprio exagerado
- Na foto, o caçador em "Invasão Alienígena"
- Batalha-(?), jogo de estratégia
- Alimento do colibri
- Não funda
- As três primeiras vogais
- 55, em algarismos romanos
- A lei que aboliu a Escravidão
- Decifra (um texto)
- Sul (abrev.)
- Indivíduo albino
- Criatura como o Drácula (Folcl.)
- D. Pedro (?), imperador do Brasil
- Consoantes de "siga"
- Dar novo entusiasmo
- Exame de urina (sigla)
- Oposto de "estreita"
- (?) Ketu, grupo da axé-music
- Sigla do popular disco voador
- Idioma comum no Oriente Médio
- Animal de pescoço longo
- Pista para skatistas
- Rei do Egito Antigo
- Sílaba de "perto"
- Ladeira (abrev.)
- Finalizar
- Encontro consonantal de "cravo"
- A roupa sem pregas
- Doce feito com certo grão cozido em leite e açúcar
- 100, em algarismos romanos

BANCO: 3/eas, 4/lisa — óvni, 5/pólen, 6/sarará.

adivinhas

1. O que o Batman faz quando discorda de alguém?

2. De que tipo de prova as meninas gostam?

3. Quem é aquela mulher que vive gemendo?

4. Por que o lalau não roubou a sorveteria?

diretas 97

De vez em quando	▼	Letra na roupa do Super-Homem (HQ)	Alimento preferido do rato	Uns dos presentes recebidos na Páscoa	▼	Teste de (?): prova a paternidade	Objeto difícil de ser encontrado	Armadilha para pegar passarinho
Conjunto dos navios de guerra do país	►	▼	▼			▼	▼	▼
(?) à milanesa: iguaria de carne		Fazer xixi ► Consoantes de "fato"						
►		▼		Indivíduo com mesmo nome (bras.)	►			
Comércio onde se vendem óculos	►					Ivo Pitanguy, cirurgião brasileiro	►	
Sorvete no palito (bras.)		Local próprio para jogar futebol		Apelido de "Eduardo" ► D. Ivone (?), cantora				
►				▼		Sem ter nada para fazer		
Local VIP, no Sambódromo (RJ)			Camisa de blocos de Carnaval (BA) ►			▼		
►								Bolsas de viagens
O de nicotina é alto no cigarro			Gosto muito de ► A cidade do Coliseu				Os (?): a tua família	▼
►			▼	Blusa solta, larga e comprida ► Tomba			▼	
Mamífero que se alimenta de cupins		O bambu, por seu interior ►		▼		Edu Lobo, cantor brasileiro ►		
Minas (?), estado brasileiro	►							
►						Dígrafo de "passe" ►		

BANCO 4/bata — teor. 5/abadá. 7/arapuca. 8/esquadra.

sudoku

Exemplo

5	9	4	6	7	8	3	1	2
	7		5		2			6
2	3			1	4	5	8	7
	8	1	2		6		7	9
9			8		1	2		
4		2		9	7		6	8
6	4			2	3		9	1
8		3		6			2	5
	9	1	8	5		3	4	

1 Preencha os espaços em branco com algarismos de 1 a 9, de modo que cada número apareça apenas uma vez na linha.

5		4	6		8		1	2
1	7		5		2			6
2	3			1	4	5	8	7
3	8	1	2		6		7	9
9			8		1	2		
4		2		9	7		6	8
6	4			2	3		9	1
8		3		6			2	5
7	9	1	8	5		3	4	

2 O mesmo deve acontecer em cada coluna. Nenhum número pode ser repetido e todos os números de 1 a 9 se encontram presentes.

5		4	6		8		1	2
	7		5		2			6
2	3			1	4	5	8	7
	8	1	2	5	6		7	9
9			8	4	1	2		
4		2	3	9	7		6	8
6	4			2	3		9	1
8		3		6			2	5
	9	1	8	5		3	4	

3 Nos quadrados menores (3x3), a regra é a mesma: aparecem números de 1 a 9, mas nenhum se repete.

A

		4		8		2		
			2		5			
2		3					9	5
	9			1			2	
3			6		2			1
	2			4			6	
1		6					3	4
			7		1			
		8		6		5		

B

9		5	2		1	8		7
				7				
8				9				5
3				2				1
	7	1	9		3	4	5	
4				5				9
6				8				4
				1				
7		2	5		4	1		6

diretas

Clue							
Tamanho pequeno de camisa (abrev.)	▼	Dispositivo localizado na entrada de bancos	Cabisbaixo; infeliz	▼	Sua vogal não recebe acento (Ling.)		▼
		Consagra com óleo santo	Evento marcante		Antiga embarcação à vela		
Obra de José de Alencar (Lit.)	▶		▼	▼		▼	
	▶						
Essencial; fundamental		Sílaba de "gosto"	▶		Hiato de "luar"	▶	
		Tira o dever de algo			Errar, em inglês		
	▶		▼				
						Barulho; som	
Estrela (?): meteorito		Estrada de (?): é comum no campo	▶			▼	
	▶			Local da realização da feira livre	▶		
Em (?): erguido				▼	Gênero musical da Bahia		
Produz ruído ao dormir	▶						
Agachado; de cócoras	▶		▲				
Reação de defesa do cavalo			Formiga, em inglês		Carga disparada por arma de fogo		
▶				A da gema do ovo é amarela	▼	(?) Carolina, cantora mineira	
	▶				▼	▼	Ou, em inglês
Caráter do atendimento no pronto-socorro	▶	Máquina que molda peças de barro	▶				▼
Caminhava; seguia		Dar título de rei	▶				

BANCO: 2/or, 3/ant — err, 4/unge, 5/riste — torno.

100 diretas

Médico especialista em doença de pele	▼	O "sangue" das plantas	(?) Marcos, repórter esportivo	"(?) ao próximo", mandamento cristão	▼	Aquele que gerencia uma empresa	A parte da casa no subsolo	▼
Órgão da digestão ▶		▼	▼			▼		
Dirigente de time								
▶								
Minuto (abrev.) ▶				Consoantes de "rima" ▶			Estado cuja capital é Fortaleza (sigla)	
				Afasta-se				
Os pais da mãe ▶				▼		Sufixo de "burrico" ▶	▼	
O fruto da ateira						Filhote de animal		
▶			Inflamação comum em peles oleosas ▶			▼		Scooby-(?), cão da TV
156, em algarismos romanos		Casquinha de (?), tiragosto ▶					Indício de doença	▼
		Enxergou						
▶		▼		Essa coisa ▶			▼	
				Local do recreio escolar				
Acento presente em "sabiá"			A carne que não é macia	▶				
▶		▼			Sala de projeção de filmes (red.)			Ir aos (?): explodir
Iodo (símbolo) ▶		(?) Lobo, músico brasileiro		Busca; procura ▶	▼			▼
Funcionário público ▶		▼						
▶				Boa reputação; reconhecimento ▶				
Limitada (abrev.)			Fruta de polpa branca e casca verde (pl.) ▶					

BANC... 3/ata — doo. 4/cine — cria. 5/selva.

diretas 101

Móveis da sala de jantar	▼	Espetáculo realizado à tarde	Padre que foi expressão do Barroco, em língua portuguesa (Lit.)	(?) Vereza, ator	▼	Mineral esverdeado
						A base do molho do macarrão
Grupo do Carnaval pernambucano	▼		▼	▼		▼
►						
Botão que faz a bomba explodir		Meio de transporte de massa ►				(?) básica, indicador do custo de vida
Pequeno gancho para pescar ►				Residente em casa alugada		▼
►		Período em que se veem as estrelas ►		▼		
Rita (?), cantora brasileira	"O Lago dos (?)", balé ►					
	Sílaba de "sofás"					
O penteado como o dos africanos ►	▼		Ingrid Guimarães, atriz brasileira		O cheque sem fundos (bras. gír.)	
Concede ►		Mulher cujo marido faleceu ►	▼		▼	
Rastro		Esticada				
►		▼				A cor do enxoval da menina
Vogal repetida em "índio" ►	Editores (abrev.) ►		A casa de habitação (fig.) ►			▼
	Ave do cerrado					
Vivido; morado ►	▼					
►			Pronome pessoal do plural ►			
Projeto de proteção às tartarugas		Já; neste instante ►				

BANCO 3/ema, 4/afro, 6/matinê — voador, 13/antônio vieira.

caça-resposta

Exemplo

Primeiro, resolva o caça. Em seguida, com as letras não utilizadas, forme a resposta à pergunta.

AZEDO
BAETA
ODEON
PAGAR
PATAS
SAIR
SOBEJO

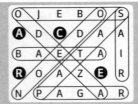

Qual o estado cuja capital é Rio Branco?

Qual o vilão na história "João e o Pé de Feijão"?

ACABAR	DIABETES
ÁCAROS E FUNGOS	MORRO
ANO-LUZ	MUITO BEM
ASSEAR	NOBRE
ATOR BRASILEIRO	SAMURAI
BADALADA	SISTEMA
BOCAL	VERBA
CATATAU	

```
Z U L O N A S E T E B A I D
L A G R O B I G A C A B A R
A T O R B R A S I L E I R O
C A A O R E M E B O T I U M
O T N M E V T S I S T E M A
B A D A L A D A A S S E A R
A C A R O S E F U N G O S E
```

Lazer

Dois países sul-americanos

(?) Veloso, cantor e compositor

Mulher excessivamente devota (pl.)

Obedecida (ordem)

Local do banco para guarda de dinheiro

Tem o som de "s", em "cachaça"

Cobra mansa, porém venenosa

Elemento que evita a cárie (símbolo)

Ponto final do tubo digestivo

Que atrai o olhar; majestosa

(?)-mail, correio da internet

Desenhar na pele

De outro modo

A região da seca (abrev.)

Tipo de festa noturna ao ar livre

Contraceptivo interno

Parasita do cão

Exercício para "tirar" barriga

Considera bom

Geleia exclusiva da abelha-rainha

Motivo; explicação

(?) pública: rua

(?) Barbosa, escritor brasileiro

O rebanho que fornece a lã

Fiscal eletrônico do trânsito

Fúria

Que sucede ao nono

Presente de chocolate dado na Páscoa

Tipo de agasalho para os ombros

Componente do sal de cozinha

A popular mandioca

Interjeição típica mineira

Utensílio para beber água

El. comp.: onipotente

Braço, em inglês

Antigo instrumento de castigo escolar

Sufixo de "manada"

Acre (sigla)

Isto é (abrev.)

Formato do palito de dentes

O violão, por seu interior

Ingrediente da cera depilatória

BANCO 3/arm — diu — uai. 4/ânus. 7/vistosa. 9/abdominal.

adivinhas

1. O que o avião tem na frente que o alicate também tem?

2. O que é que vem sempre antes da comida?

3. Qual o relógio que só funciona com areia?

4. O que é que, para passar, tem que usar caneta?

diretas 105

| Veias e artérias (Anat.) | (?) perigosa, placa de trânsito | Transportar / Radical (abrev.) | | Antônimo de "morte" | | | Caminho mais curto / Aceitação | Continuado (o que foi interrompido) |

- (?) em Deus: ter fé religiosa
- Delicadeza
- Material da forca
- Parte espiritual do homem
- Consoantes de "sova" / Aplicar; empregar
- Puxador de água
- Cada tábua horizontal da estante
- A música que toca nas rádios (ingl.)
- Conversa informal
- Urânio (símbolo)
- A cor da argila / Antecede o nove
- Consoantes de "sede" / Companhia (abrev.)
- Mancha em roupas / Badalação (gír.)
- Animal amigo do homem / Córregos
- Grupo de três / Refeição da noite
- Soberanos egípcios
- Carteado em que é usado o trunfo
- Flúor (símbolo) / Oposto de "entrada"
- Dueto / Acompanhamento da rabada
- Carimbo postal
- Agir como a esposa infiel
- Ficar / O CD dos micros (Inform.)
- Muito disputado (um emprego)
- (?) Johnson, ator
- Pista do hipódromo / Rodovia (abrev.)
- Forma da pista sinuosa
- As atletas em busca de patrocínios

BANCO 3/cia — duo — hit — rad — rom. 5/nódoa.

106 diretas

Crossword puzzle clues:

- Ousado; corajoso
- Duas aves brasileiras
- Automóvel (red.) H
- Arco para os cabelos / Produto masculino para retirar os pelos do rosto
- Beneficiadora de orfanatos / Senhora, na fala dos escravos
- Ensino da escrita correta
- Hiato de "caos"
- Aeronáutica (abrev.)
- País asiático cuja capital é Pequim
- Antiga casa de diversões noturna
- Aluno da escola militar
- Qualquer animal do sexo masculino
- Sílaba de "harpa" / Atmosfera
- The (?), a última legenda do filme
- De + aí
- (?) Babá, herói de conto infantil
- Enfeite da fantasia de Carnaval
- A Cidade (?): Roma / Editores (abrev.)
- Compõem o pomar
- Balcão de bebidas
- Cada setor do hospital
- Conjunto de linhas da folha de caderno
- Rumar / Assassinar
- A Árvore Nacional / A fêmea do cavalo
- Mas; contudo
- Não estrangeiro
- Complexo vitamínico / Giselle Itié, atriz
- (?) letivo: é previsto na agenda escolar
- Espantar; afastar
- Nome do tecido que cobre o circo
- Mãe do primo
- Inclusive / Extraterrestre (abrev.)
- Carretel de linha

BANCO: 3/aer — agá — end — ipê — pauta — sinhá — cabaré.

diretas 107

Palavras da cruzada (pistas)

- Pequena mancha
- Produto com baixo teor de gordura
- As Nações Unidas
- Redatora-chefe
- Romance de José de Alencar (Lit.)
- Traje para formatura
- Relativo a todos
- Grupo de odaliscas
- Também não
- Ser de outro planeta
- Enrijecer
- Com o farpado se faz cerca
- Andar
- Ataque histérico
- Estratégia militar
- Autor de "Ilíada" e "Odisseia" (Lit.)
- Metro (símbolo)
- Aguça; aponta
- Descrever círculo
- Nela se pendura o brinco
- Perfumar
- Dígrafo de "chão"
- Interjeição de espanto
- 56, em romanos
- Imposto Sobre Serviços (sigla)
- Antônimo de "agitar"
- Cobertura de casebre
- Segurei com força
- Verdadeiro; real
- Couro de luvas
- Igreja pequena
- É dançada pela debutante (pl.)
- Avistaram
- Resultado do sapato apertado
- Está (red.)
- Cadeia (bras. gír.)
- (?) de sódio: o sal de cozinha
- Hormônio produzido na hora do medo
- Tê
- Iniciais do Rei da MPB
- Astuto; malicioso
- É dado na gravata
- Desocupado; sem o que fazer
- Elemento do tanque de mergulho

BANCO: 3/iss — lvi — nem — opa. 4/napa — piti. 5/harém — sagaz. 6/homero. 7/cloreto — iracema.

duplex

Responda às definições e passe as letras do quadro para o diagrama, de acordo com as coordenadas. Preenchido o passatempo, surgirão uma frase no diagrama e a identificação do seu autor nas casas em destaque no quadro.

Quadro

Tempo curtíssimo (fam.).	**A**	45	28		18	34	25	1
No turfe, cavalo com poucas possibilidades de vencer.	**B**	2 A	13 Z	A	43 R	38 Ã	24 O	
Tomás de (?), padre e filósofo italiano.	**C**	44	31		47	21	39	
José Luiz (?), jornalista e apresentador de Televisão.	**D**	19	4		12	37	49	
Impregnados de vapor de água.	**E**	32	23		27	14	5	
Bonés usados por militares.	**F**	40	29			7	16	
Comuna italiana da região de Vêneto.	**G**	11	17			48	33	
Pavilhão, ao ar livre, para concertos musicais.	**H**	3	20	50		8	36	
Armação que sustenta o estrado e o colchão da cama (pl.).	**I**	10	42	22		6	30	
A escápula e as partes moles que a revestem (Anat.).	**J**	26	46	15		35	41	9

Diagrama

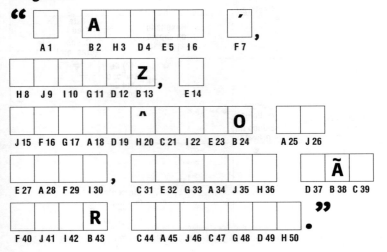

diretas

109

Clues:

- (?) shop, loja típica de aeroportos
- Vai do menor para o maior
- A superfície do corpo da zebra
- Prorroga (a data)
- Atenção; empenho
- Tecla de gravadores
- A serenata brasileira
- Limpidez; clareza
- Pervertido
- Alegre; risonho
- Começar de novo
- Despretensiosa; sem vaidade
- Tecla de calculadoras
- As do gato são sete (Folcl.)
- Tribunal Regional Eleitoral (sigla)
- Ponto, em inglês
- (?)-estar: incômodo
- Ajuda; auxílio
- Desabitadas
- 2ª camada da pele
- Reduzir a pó
- Pancada com a mão aberta
- Remédio contra Aids
- Escrita (a mensagem)
- Veículo puxado por cavalo
- Tempero iodado
- Café com leite (bras.)
- Crustáceo usado em sopas
- (?) Batista, repórter
- Esperma (Biol.)
- Clínica estética
- Dia, mês e ano (pl.)
- Sentir profunda aversão
- Estado do Norte brasileiro
- Atribuir algum dom a
- Que te pertence
- Raio (abrev.)
- Matiz
- Antônimo de "simpático"
- Poeira
- Concede
- Formato da pista de skate
- Chá, em inglês
- A palavra do egoísta
- Risco proibido em documentos

BANCO: 3/azt — dot — leo — rec — spa — tea. 4/free — tea. 6/tarado.

110 cruzadox

Partindo da palavra-chave já impressa, preencha o diagrama de palavras cruzadas com os vocábulos da relação.

3 letras
AAS
ARO
ARU
ATO
CEF
ECO
HIM
LAR
LIS
ONI
RÊS
RIR

4 letras
ATER
PUIR

5 letras
ARTUR
ASSAR
ATADA
LATIR
ORATE
TAXAR
~~TORRE~~
TROAR

6 letras
ELETRO
JOCOSO
PASMAR
TCHECO
VELADA
ZARCÃO

7 letras
ACARAJÉ
AGRURAS
ARRASAR
ARRELIA
AVAREZA
BARRACO
CREDORA
DERROTA
DIDEROT
POUSADA
REPUCHO
TAPAJÓS
TOSADOR
TRAPAÇA

10 letras
BATALHADOR
OSSIFICADO

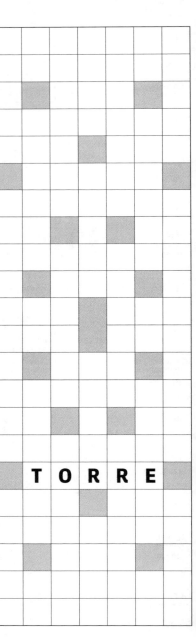

diretas 111

Clue	
Os dois maiores planetas do Sistema Solar	
Dez, em inglês	
Ensina; instrui	
Alvo dos mimos dos avós	
Policiais que fazem a guarda de alguém	
(?) Ramalho, cantora / Rumar	
Vegetação no deserto	
Objeto de uso doméstico	
Alavanca usada em arrombamentos	
Categoria gramatical de "vozeirão"	
Baba espessa	
Equivale a sessenta segundos	
Goma; grude / Aba do boné	
Sílaba de "gibão" / Chegar; dar	
Vasos cilíndricos / Filhote de animal	
A sobra das feiras livres (bras.)	
Móveis para dormir / Vegetal marinho	
O da audição é o ouvido	
A (?): sem rumo / Arma de defesa	
Pôr muito açúcar no café (bras.)	
Enfatizar (assunto)	
Usada / Engordurar	
Homem muito rico; milionário	
À (?): a esmo	
Opõe-se a "norte"	
Automóvel / Oposto de "raso"	
Futebol (abrev.) / Formato do anzol	
104, em romanos	
Sílaba de "cidra" / Contudo; entretanto	
Causam dano / Ruborizado	
Aprendiz de freira	
Ingrediente básico da omelete (pl.)	

BANCO 3/civ — ten. 4/esmo — xepa. 5/gosma — oásis. 6/escudo. 15/júpiter e saturno.

criptocruzada

Resolva esta cruzada, sabendo que letras iguais correspondem a números iguais. Damos um exemplo como ponto de partida. As demais letras devem ser descobertas por dedução e/ou lógica, sabendo-se que formam palavras horizontais e verticais. À esquerda, fora do diagrama, damos a tabela das letras usadas no exemplo impresso e os espaços em branco para completar com as letras que for descobrindo.

1. **A**
2. ___
3. ___
4. **D**
5. **O**
6. **M**
7. **S**
8. **N**
9. ___
10. ___
11. ___
12. ___
13. **E**
14. **I**
15. ___
16. ___
17. ___

1	2	1	3	1	4	5		6	7	8
9	10	11	5	6		2	12	13	3	13
13	12	1		1	7	7	14	6		9
14	4	13	1	4	5		12	5	9	1
15	5		6	5	12	13	14	16	1	
13	17	13	10		5	4		14	16	1
	10	7	1	16		14	7	1	1	9
6	13	9		14	1 **A**	15	14	7	15	1
13		1	16	1	6 **M**	1	16		13	2
1	7	11	14	4	13 **E**		14	1	16	1
4	14	1	7		8 **N**	13	5	8		4
1	15	16	5	1	4 **D**	5		14	15	1
					5 **O**	7	9	1	16	
					14 **I**		1	17	14	16
					8 **N**	5	6	13		1
					7 **S**	14	1	6	13	7

diretas 113

Crossword puzzle clues:

- Parque de exposição de animais
- Puxado à força
- Que indica o caminho
- Sensação combatida com casaco
- Separar com a tesoura
- A local é usada na extração de dentes
- Onde está?
- Baralho de cartomantes
- Marginal
- Entrega (?), cortesia de farmácias
- Guloseima que provoca cáries
- Conduz a canoa
- Tio (?): os EUA
- Jogadora brasileira de futebol, atualmente no Orlando Pride (EUA)
- Alimento favorito do Pluto (HQ)
- Idem (abrev.)
- (?) musicais: dó, ré, mi, fá, sol, lá e si
- Recear
- Sacode; balança
- Cabana indígena
- Observa; nota
- Ivan Lins, compositor brasileiro
- Os filhos
- Monte de areia
- Lista de correções de um livro
- Disputa como a maratona
- Desaparece
- A lei que aboliu a Escravidão
- No meio de
- Já; neste instante
- Conta uma história
- Sofrimento físico
- Ácido celular (sigla)
- Cenário de muitas músicas de Noel Rosa
- Caderno de compromissos
- Tocantins (sigla)
- Sufixo de "formol"
- Recurso de autodefesa do jacaré
- Aprisionar (fig.)
- Lidado em arenas
- Maior deserto do mundo

Respostas (rodapé): CONC(?)ANCO. 2/id, 3/olé — rna — sam. 5/áurea — prole — saara. 9/fora da lei.

114 diretas

É registrada na delegacia policial	Esporte em que se usa bicicleta		Parada de ônibus		Na foto, o protagonista da nova versão da "Escolinha" (TV)		Anunciou a Maria que ela seria mãe de Cristo
			Rádio (símbolo)		O "eu" de cada um	Colocados em ordem numérica	Acredita
▶	▼		▼		▼	▼	▼
Iniciar o funcionamento de loja	▶						
Formação comum no Carnaval			Designa a pessoa	▶			O posto mais baixo da hierarquia militar
			Código postal (sigla)				
▶			▼		Terminação da 2ª conjugação		Mem de (?), figura histórica ▶
Aditivo do sal de cozinha (símbolo)	▶	(?) Sheik, jogador	▶		▼		▼
		Endereço (abrev.)					
Afasta; isola	▶	▼					Banda (?), ramo da telefonia celular
Serviço típico de churrascaria			Letra do Zorro (HQ)	▶	Cubo de jogos	▶	▼
			3ª vogal		Introduzir		
▶			▼		▼		Prata (símbolo) ▶
			Pequeno porto natural	▶			
					Abaixo de		
					Marca do tempo na pele	▶	
			A fronteira sul do Brasil		▼		Mar, em inglês
							2ª nota musical ◀
			▶				
			Cacho de cabelos em espiral				Conjunção que indica condição ▶
			▶				

DIVULGAÇÃO: JOÃO COTTA/GLOBO

BANC 3/cep — ego — end — sea. 7/caracol — enseada.

Abrigar; agasalhar

Instrumentos musicais do samba

Motocicleta (red.)

Partes do ovo

País mais populoso do mundo

O número extra de uma revista

Radical (abrev.)

Traje de luxo

Colocar de volta

Proveito; vantagem

Pai dos primos

Substância azul corante

À (?): sem rumo

Peça do assoalho

Riscado

Local de venda de bebidas

Que não foi cozido

Érbio (símbolo)

Hiato de "beata"

Ouvir-se ao longe (o som)

Recolher dados de uma população

Evoluir

Universidade Nacional de Brasília (sigla)

(?)-prazer: vontade própria

Avista; enxerga

Divindade suprema

Natural da Bélgica

Lugar, em inglês

Sílaba de "tosca"

Discussão

A camada externa do corpo

Sereia brasileira (Folcl.)

Opõe-se a voz passiva (Gram.)

Gritos de dor

D. Pedro (?), imperador do Brasil

Sexta nota na escala musical

Parceiras no negócio

Barco de luxo

Oriunda; proveniente

Bolsa de compras

Limpar banhando

BANCO 3/ais — rad. 4/moto. 5/place. 6/deriva. 9/recensear.

116 jogo da memória

Você tem boa memória? Que tal colocá-la à prova?

Olhe atentamente o desenho, para depois responder às 10 perguntas abaixo. Se você acertar todas, eta memoriazinha fotográfica, hem? Agora, se você não acertar nenhuma, tente ao menos lembrar o seu nome. Esqueceu? Puxa!

Agora, tape a ilustração com uma folha de papel, vire a página de cabeça para baixo e responda às seguintes questões.

1. Existe algum animal na cena? ( ) sim ( ) não
2. Aparece um copo no desenho? ( ) sim ( ) não
3. Você viu uma televisão? ( ) sim ( ) não
4. Há um homem usando gravata? ( ) sim ( ) não
5. Você se lembra de ter visto um avião? ( ) sim ( ) não
6. Viu um celular? ( ) sim ( ) não
7. Aparece um homem de boné? ( ) sim ( ) não
8. Você se lembra de ter visto uma garrafa? ( ) sim ( ) não
9. Há um quadro na parede? ( ) sim ( ) não
10. Existe um gato na cena? ( ) sim ( ) não

diretas 117

Proteção de agências bancárias contra assaltos	▼	Liga de basquete dos EUA (sigla)	Quantia determinada	▼	Bolores / A mulher acusada	▼	Pressão (?): a normal é de 12 x 8	Pequena bolsa de dinheiro / Igualmente	▼
Que não foi corrigido	▶	▼						▼	
		Dar bofetadas / O sentido das mãos	▶		Elétron (símbolo)	▶		Mato Grosso (sigla)	▶
		A maior ave brasileira	Mulher muito baixa					A lagoa pouco profunda	
	▶	▼	Fazer contato	Passeio ideal das férias	▶				
Símbolo da Marinha do Brasil	▶	▼						Acatar	▶
▶			Saudação ao telefone	▶			▼	Sílaba de "molas" / Ventilada	
Pomo de (?): gogó		Dez vezes cem	▶			Mau, em inglês	▶	▼	
A 2ª vogal	▶					Marília (?), atriz			
▶				Fase do inseto / O refugo social	▲	▶			
Cobertura para a cabeça presa à gola		Nitrogênio (símbolo) / Não resisti	▶	Leitos de índios / Arte do vestuário	▶▼				
Em posição superior	▶	▼				Oeste (abrev.)			Calado; silencioso
Reposicionam	▶					▼			▼
▶						(?) Guedes, chef brasileiro	▶		
Marca climática do litoral		Rádio (símbolo)	▶		Cultivado (o solo)	▶			

BANCO. 3/bad — nba. 4/cedi — mudo — ralé. 5/arado — motos. CONVE

dominox

O Dominox consiste em escrever no diagrama, respeitando os cruzamentos, as palavras em destaque nas chaves.

O que equivale a(o)...

3 letras
ANO (365 dias)
DIA (24 horas)
MÊS (30 dias)

5 letras
DÚZIA (12 unidades)

6 letras
BIÊNIO (2 anos)
DÉCADA (10 anos)
DEZENA (10 unidades)
LUSTRO (5 anos)
MILHAR (1.000 unidades)
NOVENA (9 dias)
SEMANA (7 dias)

7 letras
CENTENA (100 unidades)

MILÊNIO (1.000 anos)

8 letras
BIMESTRE (2 meses)
QUINZENA (15 dias)
SEMESTRE (6 meses)

9 letras
TRIMESTRE (3 meses)

10 letras
~~CENTENÁRIO~~ (100 anos)
QUARENTENA (40 dias)

12 letras
QUADRIMESTRE (4 meses)

diretas

Avaliador, no exame vestibular	Produtos de higiene para o banho	▼	Irmão (fam.) / Peça de mobília	Sem limites; infinito		Cada divisão da peça teatral	O ovário dos peixes	Algarismos (?): sistema de numeração dos séculos
▶	▼		▼	▼		▼		▼
Período escolar	▶							
▶				▲			Ato praticado por ladrões de casas	
Retirado do lugar / Dobrar		O país onde nascemos		Divisão do alho / Sem visão	(?)-delta, aparelho de voo livre	▶	▼	
		▼		▼				Direção indicada pela bússola ▶
Hiato de "beata" / Apodrecido	▶		A ti (Gram.) / Rua (abrev.)	▶		O Tietê banha São Paulo	▶	
▶			▼					Forma do cifrão / Orelha, em inglês
Atmosfera / Abrir o (?): denunciar (gíria) / Produzir som forte	▶		Descansa no sono / Onde fica o cérebro	▶			▼	A carta colocada no Correio
			▼		Tolas; ingênuas	▶		▼
▶				Fonte de energia do rádio portátil	▼	Margem (do rio) / Movimento do oceano	▶	
Coelho de desenho animado		Cume; cimo / Tecla de gravadores	▶					Grama (símbolo)
▶		▼						▼
Sílaba de "untei" / A que orna recintos	▶		A hora decisiva / Letra do infinitivo	▶	Equivale a 1.000 kg (símbolo)	▶	Vitamina que evita o raquitismo	▶
▶			▼					

BANCO: 3/ear — rec. 4/mano — ovas. 5/ápice — dente. 10/pernalonga. CONVE

120 diretas

Vocábulo como "guarda-chuva"		Opõe-se a "cidade"	Chama; labareda / O fruto da ateira			Sala para refeições / Precede o décimo	Tribunal Regional do Trabalho (sigla)		Item do enxoval do bebê / Escasso
Adormecer (criança) ao som de cantigas									
Dela se lançam foguetes / Aleitar									
			Grupo que constitui a nação				Cereal de mingaus e vitaminas		
A vogal do masculino / Aldeia indígena		(?) negra: esgoto ao ar livre / Procura		Empregado de quarto, em hotéis		Hiato de "maestro"			Vogais de "soar"
				Claro; evidente					
						Época histórica / Encostado			
Relativo aos olhos / Sufixo de "saborosa"				"(?) Garcia", romance / Orifício da pele					Armadilha preparada para o inimigo
Denominação do cantor de funk			O oposto de "proa" / O tronco humano					A 3ª letra / Que produz a morte	
Ave como o Donald (HQ)					Teste que confirma a paternidade		A foto típica de revista erótica		
Piloto de uma nave espacial		Numeral como "trigésimo" / Possuir							
Sílaba de "teste" / Custosos				Anno Domini (abrev.)			Letra do infinitivo verbal		
				(?) marítima, faixa do litoral					

BANCO 2/mc. 3/alo — dna — trt. 4/nono — popa — vala. 5/flama.

diretas 121

Definições

Horizontais/Verticais:

- Peça teatral de Chico e Ruy Guerra
- Duas membranas oculares (Anat.)
- Afirma que não
- Atrativo oferecido pelo vendedor do apartamento
- Local de exploração de metais
- Friccionar
- Período de governo de um monarca
- Desviar do dever
- Mamífero da Ásia e da África
- Etiqueta, em inglês
- Entidade ecológica
- Proprietária
- Recolhedor de lixo
- Muro, em francês
- Isaac Newton, físico inglês
- Entidade política angolana
- Urucubaca
- Ave tropical colorida
- André Domingos, velocista
- Corrosivo
- Tornar plano
- El. comp.: "cavalo", em "hipomania"
- El. comp.: "velho", em "gerodermia"
- Edward Albee, dramaturgo (EUA)
- A pior colocação em um concurso
- Carcomeu
- Vitamina abundante no caju
- Negro, em francês
- Par de dançarinos
- Sílaba de "sarda"
- Pão de (?), tipo de bolo leve e fofo
- Pronome oblíquo referente a "tu"
- (?) Dourados: a década de 1950
- Filhote de peixe
- Comissária de bordo (bras.)

BANCO: 3/mur — tag. 4/noir. 5/unita. 6/alevim. 7/calabar.

122 criptograma

Para letras iguais, símbolos iguais. Resolvido o passatempo, surgirão, nas casas em destaque, duas matérias-primas não renováveis e ainda não exploradas que podem ser encontradas no Ártico.

Administrador.		✂	☀	✂	✪	♦	✂
Maior cavidade visceral do corpo.		❛	☽	❀	◇	✂	✪
Barco de passeio.		✌	♱	✂	★	☀	❀
(?) fiscal, benefício concedido pela Receita.	✌		★	♣	♦	★	✌
Adjetivo associado ao pavão.	♱		★	☽	❀	♣	❀
Álcool (?): causa dependência.	✂		★	✠	★	✏	❀
Aviso comum em zonas de perigo.	✏		★	☽	✌	☽	❀
Entra com ímpeto.	★		☀	❀	◇		✂
Conjunto de malas do viajante.	❛		✗	✌	✗		◇
Caráter jurídico do tráfico de armas.	★		★	✏	★		❀
Jogador de futebol como Alisson Becker.	✗	❀	✠		★		❀
Vigor; jovialidade.	☐	☀	✂	♣	✏		☀
Evento anual das escolas de samba.	☽	✂	♣	☐	★		✂
Ato de beber à saúde de alguém quando se comemora algo (pl.).	❛	☀	★	✪	☽		♣
A escada em espiral.	✏	✌	☀	✌	✏		✠

diretas 123

Crossword clues:

- Utensílio para manter bebidas quentes
- Baía de (?), cartão-postal do RJ
- Abrigo do tatu / Guarda-roupa
- Inflexível / Em + a
- Objeto essencial ao futebol (pl.)
- Fruto verde de grande caroço
- Segue adiante / Terminal dos ônibus
- Festa proibida em Santa Catarina
- Memória de micros / Sinal
- Garrafa vazia de cerveja (pl.)
- Pintor espanhol / Ruído; barulho
- Principal artéria do corpo humano
- O pai do pai / Peritos (fig.)
- O do jiló é amargo
- Estabelecimento que serve bebidas
- A língua dos antigos romanos
- Opor-se / Mar, em inglês
- Impacientes; aflitos
- Taís Araujo, atriz brasileira
- Criatura / Observação (abrev.)
- Ácido ribonucleico (abrev.) / Obedecem
- Cristais de banho / Tipo de papel
- São dois no número 100
- Sinal sonoro de pagers / Atitudes
- Tomba / Causa sofrimento
- Letra que não precede o "P"
- A roupa que não foi passada
- Zombaria ao telefone (bras. pl.)
- Diário / Sustenta a vela do barco
- Período entre duas prestações

BANCO: 3/bip — ram — rna — sea. 4/dalí. 5/pardo.

A melhor diversão das horas vagas!

#façacoquetel

solução

solução 127

4

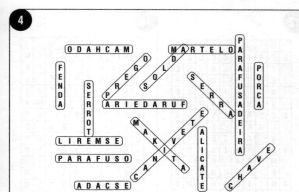

5

	M	A		M					
T	R	I	P	L	I	C	A	D	O
	E	N	E	M		G	R	I	D
	A	U	T	O	R		I	S	O
A	L	T		F	O	C	A		R
	I	O	G	A		A	N	T	
	Z		E	D	I	T	A	D	O
	A	C	L	A	M	A	R		X
A	R	C	A		P	R	I	M	A
		R			A		O	I	L
		P	R	E	S	S	A		
					X		E		
		C$_U$	L	T	U	R	A		
		A	R		I	T$_A$			
		T	R	A	N$_C$	A	R		

6

P	A	I	S	A	N	A
I	N	V	I	C	T	A
N	E	R	V	O	S	O
D	E	S	T	I	N	O
A	C	H	E	G	A	R
M	A	G	N	A	T	A
O	R	D	E	N	H	A
N	O	R	D	I	C	O
H	I	G	I	E	N	E
A	C	U	M	U	L	O
N	U	M	E	R	A	R
G	A	L	E	R	I	A
A	D	I	A	V	E	L
B	I	S	N	A	G	A
A	M	N	E	S	I	A

7

Resposta:

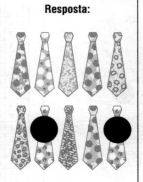

8

6	1	8	8	1		6	1	4	9	5	7	4	4
6		2	4	8	9	4		9		3		9	5	0
4	5	6	9	2	1	9		9	7	0	0	3	4
7		8		0	9	8	8	5		5	0	8	9
	1	2	6	3		3	4	4	3	9	7		9
4	6	4	2		4		4		6		5	3	3	2
	4		5	0	3	5	4	9		2	4	8	3
3	1	8	0		3	8	5	3	8			2		1
	4	3	7	4	1	3		2	4	2	9	8	8	9
3	4	6		8		0		1	5	9	2	7		0
	2	6	7	4	3	8	4	5		5	0	6	8	4

9

		C				F			
R	E	I	N	I	C	I	A	D	O
	P	R	O	S	A		R	E	C
V	I	C	E		R	A	M	P	A
	D	O		O	B	R	A	S	
	E		A	R	O		C	I	O
C	R	E	R		I	A	I	A	
	M		E	N	D		A	T	E
L	E	A	N	D	R	A		E	N
S	E	L	O		A	B	C		T
	D	E	S	A	T	I	V	A	R
N	E	G	A	D	O		I	P	E
	R	R		E		F		T	
	M	A	Q	U	I	A	D	O	R
M	E	R	A	S		T	O	S	A

10

M		S		M	O	D	E	M										C	
O		I						S				C	E	N	T	R	A	L	
N		S		I	N	T	E	R	N	E	T							M	
F	I	L	T	R	O			A				I						E	
I		E					O	B	R	A		M						R	
T		M	E	M	O	R	I	A		P		P	A	S	T	A	S		
O		A						L		R		R				E			
R			C	O	N	F	I	G	U	R	A	Ç	Õ	E	S		C		
		M						Z		N					S		L		
		O					A	R	Q	U	I	V	O	S		A	D		
M	O	U	S	E	P	A	D			L			O			D	O		
E		S								H			R			O			
N		E	D	I	T	O	R		C	A	I	X	A	S					
U																			

solução

11

	S		C			M		
	A	T	M	O	S	F	E	R A
	T	R	A	M	P	O	L	I M
	E		S	I	C	R	A	N O
VI	L	A	C		T	R	I	S
	I	T	A	I	P	U		T T
O	T	I	M	O		N		E R
L	E	V	A		C	A	P	A
	N	A	V	A	L		A A	
	A		E	G	O	I	S	T A
U	T	I	L		N		S	A L
	U	R		P	E	T	E	C A
B	R	A	S	A		Ã		A
M	A	R	I	M	B	O	N	D O
L		R	aP	A		S	O	M

12

D		P		Q		PE
G E S T I C U L A R
	S E R E I A		R E
B E B E R		D E A R
	N O		R I R	B E
V		N O M A D E
B O C A		E D U		V
B L U S A		E		C I
V		A L T E R A R
V I L		V I S O R
	M O R A		P		I P
	E		A		C O A D O
A N T I C O R P O S
	T O A		L T		S A
C O M		R O E D O R

13

| | A | | A | | | M | | |
| C O N T R I B U E M |
	U S A R		A R D E
	T E N E N T E		U
	O I		D I E T A
A N O S O		R A M A
O		pO	N E I		A R
E U		D I A S		D
C I F R A		S A G U
N		O D I O		R O
O V U L O		L E E
E		A		C A L		R
R A N C O R O S O
N		T O		S A T
G O L E I R O		P O

14

15

| | | P | | | B | | B |
| C A R R O F O R T E |
	R O U P A N O V A
	A		M A R E S		R
P R AZ O		O C I O
S A I R		O		R I
E A		C A D E I A
P		TR A V E		G
A T O L		M O E R
S P A		A L A R M E
A B A		NA D A		U
EN G A N A		E L I S
A		S I R I		S
L I R I O		E R O S A
O L A		L A G O A

16

JOGO DA MEMÓRIA

1) NÃO;
2) SIM;
3) NÃO;
4) SIM;
5) SIM;
6) SIM;
7) NÃO;
8) SIM;
9) SIM;
10) NÃO.

17

| | P | | B | | | O | |
| C I E N T I F I C A |
	N R		I S O L A R
S O A R		T E S E
E L E		D O G		J
S T A		P E S A D A
O S S O		S L		D
S		A Ç A I		A O
S A L A		N E M
B O N D		A T L A S
C		O C R E		R A
M I A		R A S A		C
A R M A M E N T O
I		A V E		T A L
A S I L O		M E I A

18

Artistas de rua

		Performance			Local			
		Estátua	Grafite	Guitarra	Rio de Janeiro	Salvador	São Paulo
Artista	Ana Lúcia	N	S	N	N	S	N
	Deise	N	N	S	S	N	N
	Marluce	S	N	N	N	N	S
Local	Rio de Janeiro	N	N	S			
	Salvador	N	S	N			
	São Paulo	S	N	N			

Artista	Performance	Local
Ana Lúcia	Grafite	Salvador
Deise	Guitarra	Rio de Janeiro
Marluce	Estátua	São Paulo

solução

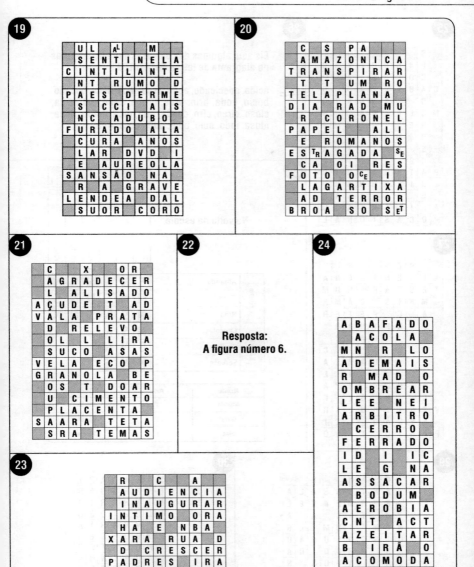

130 solução

25

	S		P		D		P
	E	S	C	O	R	P	I	Ã	O
	C	O	R	R	E	I	A		L/T
C	A	B	E	C	E	A	D	O	R
	D		M	A	N	D	A	T	O
M	O	L	E		C	A	M		N
	R	E		T	O		E	M	A
	D		M	E	N	I	N	A	
	E		A	R	T		T	U	A
	C	C	L		R	E	I		Ç
P	A	T	A	D	A		R	I	O
	B	I		O	R	N	A	R	
	E		A	T		A		A	R
A	L	I	M	E	N	T	A	D	O
	O	C	A	S	I	O	N	A	L

26

Eis aqui algumas das palavras que encontramos no diagrama de letras do "TORTO":

ácida, adocicado, aedo, asco, bica, boca, bocado, bócio, boda, brio, broa, broca, caco, cair, cica, cioso, circo, ciro, coada, cria, dica, dobro, doca, idosa, iodo, ócio, ódio, odor, orca, rica.

27

		P	C			R		
A	L	I	E	N	I	G	E	N	A
T	E	S	T	A	R		N	U	M
	M	A	I	S		C	A	M	A
	A		C		P	E	T	E	R
		O	P	I	N	A	R		
			N	A	C	O			
			T		E		C		
		Q	U	A	R	T	A		
			R		I		L		
		G	U	A	N	ᴬB	A	ᴿA	
	C		N		G	E		F	
V	E	S	T	I	B	U	L	A	R
	L	E	S	Ã	O		L	E	I
P	A	R	T	O		T	I	R	O

28

Na volta da escola

		3ª	4ª	5ª	Chocolate	Pirulito	Sorvete
Nome	Amanda	S	N	N	N	S	N
	Clara	N	N	S	N	N	S
	Nina	N	S	N	S	N	N
Doce	Chocolate	N	S	N			
	Pirulito	S	N	N			
	Sorvete	N	N	S			

Nome	Ano	Doce
Amanda	3ª	Pirulito
Clara	5ª	Sorvete
Nina	4ª	Chocolate

29

		C		H		L		
	A	N	T	E	S	S	A	L	A
ᴵ/M	P	E	R	M	E	A	V	E	L
	O		T	A	C		A	I	A
N	E	M		T	U	M		L	G
D	I	S	S	O	L	U	Ç	Ã	O
	R		A	M	O	D		O	A
Z	A	P		A	V	O	S		N
P	E	R |ˢA		I		O	C	O
	C	O	M	E	N	T	A	R	
	A		A	N	T	ᴱ/S		E	C
O	R	A	T		E		A	M	A
	A	C	I	D	E	N	T	A	R
	T		C	R	U	A		D	A
M	E	D	O		M	U	R	O	S

30

V	A	L	I	D	A	D	E
E	M	P	R	E	G	A	R
N	I	N	H	A	R	I	A
E	L	O	G	I	O	S	O
Z	O	M	B	A	R	I	A
U	M	E	D	E	C	E	R
E	N	C	O	N	T	R	O
L	A	D	A	I	N	H	A
A	S	P	E	C	T	O	S
B	E	M	-	V	I	N	D	O
V	I	G	O	R	O	S	O
B	L	U	M	E	N	A	U
P	R	I	N	C	I	P	E
A	B	A	U	L	A	D	O
C	O	N	F	I	S	C	O
F	R	A	T	E	R	N	O

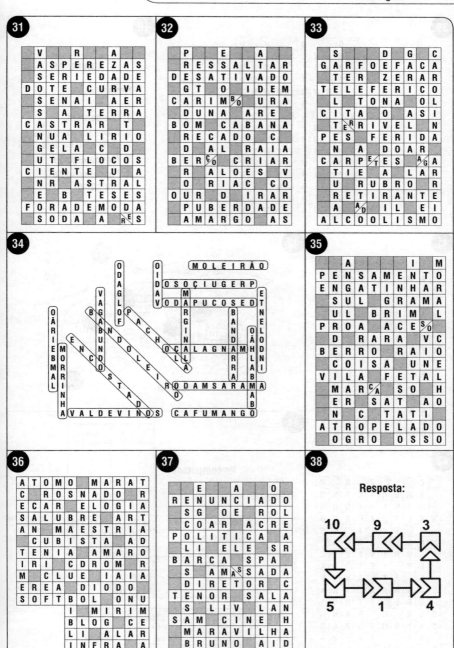

132 solução

39

	G		D		V		H
	R	E	V	E	S	T	I	D	O
	A	N	O	I	T	E	C	E	R
E	F	A^C		T	A	T	I	C	A
F	I	R	M	A		R	O	R	
	T	A		D$_O$	^{P}A		E	C	
S	E	C$_A$	^{D}O	R		A	S	A	
		O	N		T	A	L	C	O
G	A	L	O	P	A	R		E	S
T	R	A	S		T	E	A	R	
	A	R		M	I$^/L$	A	N		P
	P		V	A			O	B	A
S	U	P	E	R	L	O	T	A	R
	C	E	T	R	O		A	L	I
	A	T	O	A		$^{D/}_A$	M	A	S

40

ADIVINHAS

Respostas:

1. Lobisomem.
2. Ninguém consegue viver sem os dois.
3. Manga espada.
4. Funcionário de zoológico.

41

	C	D			P		C
	A	M	I	L	A	N	E	S	A
P	R	E	P	A	R	A	D	O	R
	T		L	P		T	R	A	I
M	A	G	O	A	R		A		C
R	E	S	^M_A		N	O	S	S	A
	T		D	I	A		P	E	T
N	E	V	O	A		A	R		U
O	L	A		R	O	D	E	A	R
	E		C	A	^R_E	N	C	I	A
A	G	U	A		G		I	O	
	R		N	D	A		O		M
	A	C	I	O	N	I	S	T	A
^D_O	M	I	N	I	O		A	E	I
	A		O	S		A	S	N	O

42

43

	C		L		P		N		P
	A	M	E	R	I	C	A	N	O
	M	I	N	E	R	A	D	O	R
W	A	L	T		A	M	A	R	O
	R		E	C		I		M	S
M	Ã	O		R	A	S	P	A	
	O	U	R	I	V	E	S		C
	E	R		S	E	T		A	A
	L		A	T		A	V	E	S
S	A	G	R	A	R		I	R	A
	G	R	E		A	F	R	O	
C	O	A		G		R	A	N	G$/_E$
E	S	T	R	U	T	U	R	A	R
	T	I		L	A	T		V	A
P	A	S	T	A		A	N	E	L

44

		Atividade			Horário		
		Blog	Download	Jogos	Meia-noite	1 h	2 h
Nome	Álvaro	N	N	Ⓢ	N	Ⓢ	N
	Evandro	Ⓢ	N	N	Ⓢ	N	N
	Guilherme	N	Ⓢ	N	N	N	Ⓢ
Horário	Meia-noite	Ⓢ	N	N			
	1 h	N	N	Ⓢ			
	2 h	N	Ⓢ	N			

No computador

Nome	Atividade	Horário
Álvaro	Jogos	1 h
Evandro	Blog	Meia-noite
Guilherme	Download	2 h

solução 133

45

46

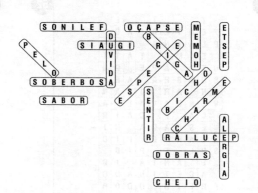

47

	T		B		A		
	R	E	B	O	C	A	D	O	R
	O		A	M	A	Z	O	N	A
C	C	I		B	L	A	T		B
M	A	N	C	A		R	O	D	A
	R		A	S	I	A		U	N
I	P	E		E		D O	B	R	A
	R	A	N	G	O		R	A	D
T	E	R		R	U	M	O		A
	S		C	A	S	A	C	A	
R	E	T	I	N	A		A	B	C
	N	O	N	A		L		A	A
	T		I	D	E	I	A		C
D	E	S	C	A	N	S	A	D	O
	S	Ã	O	S		A	S	A	S

48

M	A	C	U	M	B	A
A		R	A	I	A	R
L	E	I		A	C	A
A		S	O	R	O	R
B	I	T				
A	L	A				
R	U	I	D	O	S	A
I	S	S	O		E	M
S	T		R	A	T	O
T	R	A	I	D	O	R
A	E	R		O	R	A

49

	C			O		S	
	A	P	L	I	C	A	D	O
A	R	R	E	B	I	T	A	R
B	R	O	A		D	O		R
	I		I	P	E		F	I
	N	A	S		N	U	A	S
	H	R		P	T		R	O
C	O	N	T	R	A	I	D	A
	D		S	O	L	T	A	M
L	E	I		F		U	D	A
A	B	D O	M	E	N		O	R
	E	S		R	I	O		E
	B	A	T	I	S	M	A	L
T	E	S O	U	R O S		L	O

50

		G	M			V		
	Q	U	E	I	M	A	D	A
H	U	M	A	N	I	Z	A	R
	A	E		T	R	I	N	A
	R		C	E		A	Ç	U
I	T	A	U	N	A		A	C
	O		E	S	F	I	H	A
	P	A	I	O		D	A	R
	L		R		B	A	V	I
G	A	R	O	T	O		A	A
	N	A		E	L	O	I	
	E	S	C	R	A	V	A	S
	T	A		M	S		N	E
R	A	S	G	O		M	A	M

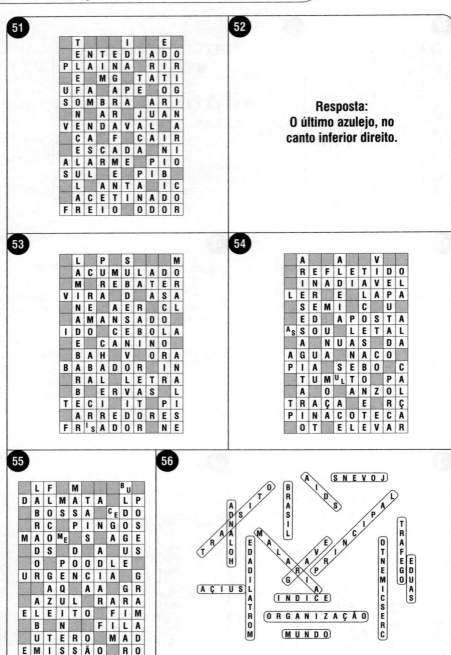

solução

57

	G		P		L	
	A	C	I	O	N	I	S	T	A
	S	A	L	P	I	C	A	D	O
S	O	N		A	T	O	L	A	R
	L	E	E		I		A		T
R	I	T	M	A	D	O		A	A
	N	A		R	O	L	A	R	
	A		C	R		E	R	R	A
J	E	I	T	O	S	O		E ^N_T
	A		I	M	Ã		A	B	I
E	L	A		B	O	M	D	I	A
	C	U	C	A		O		T	E
	O		O		B	I	C	A	R
T	O	T	A	L	I	D	A	D	E
	L	I	R	A		A	T	O	A

58

	L		C		V			
E	N	G	R	A	D	A	D	O
I		R	E	C	U	S	A	R
T	E	A	R		R	O	M	
K	E	T	U		C	A	S	A	L
C	E		F	I	N	S		E
M	O	R	R	O		T	A	C	O
N		A		S	E	N	H	A
D	A	L	V	A		G	A	
G	E	N	I	O		G	U	T	A
N	U		G	A	R	I		D
S	A^L	V	A	M	E	N	T	O
A		R^A	I		E		R
D	E^S	A	S	T	R	O	S	A
N	O	E	L		P	E	S	A	R

59

	C		V		D_A		D
	A	L	V	E	J	A	N	T	E
T	R	E	I	N	O		Ç	O	S
	R	I		D		G	A	M	E
	E		C	A	B	I	D	E	S
P	I	C	A	D	A		E		P
	R		S	E	D	A	R		E
P	A	R	A	R		M	O	F	A^R
	M		S	E	C	A	D	O	R
A	I	D		M	I	R	A	R	
	L	A	J	E		G		R	A
	I	S		D	R	O	G	A	S
	T		P	I	E		A	R	I
	A	B	D	O	M	I	N	A	L
G	R	Ã		S	E	S	A	M	O

60

E	S	T	A	M	P	A
S	L	O	G	A	N	S
T		P	A	U		S
R	O		R		C	A
I	D	O		M	A	L
B	I	S	C	U	I	T
I	N	S	O	S	S	A
L		O	L	A		N
H	F		A		O	T
O	E	A		A	P	E
	U	F	A	N	O	
	D	I	V	Ã	S	
P	A	M		O	T	O
A	L		F		O	C
R		O	R	O		O
A	G	R	E	D	I	R
M	A	C	E	R	A	R
A	M	A		E	R	E
R	A		E		A	N
I		A	G	A		C
B	U	R	U	N	D	I
O	U	S	A	D	I	A

61

	P			G		K	
	E	M	B	R	I	A	G	A	R
U	S	A		E	S	C	U	R	O
	Q	U	I	B	E		A	T	O
	U		G	E	L	A	R		M
S	I	M		L	E	R	D	O	
	S	A	C	I		R	A	R	O
	A		A	Ã		O	V	A	L
T	E	R	N	O		B	E	L	O
	S	A ^T_O		G	A	S		R
	C	U	R	T	O		T	P
S	O	L		O		G	I	R	A
	L		C	R	I	A	D	O	R
	A	P	E	T	I	T	O	S	O
P	R	I	M	O		A	S	A	S

136 solução

62 — JOGO DA MEMÓRIA

1) SIM;
2) NÃO;
3) SIM;
4) SIM;
5) SIM;
6) SIM;
7) NÃO;
8) NÃO;
9) NÃO;
10) NÃO.

64

Resposta:
A-F;
C-B;
E-H;
G-D.

solução 137

70

Resposta: **BASQUETE**

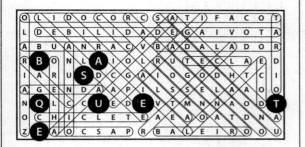

71

	C			A			D	
A	S	S	A	S	S	I	N	O
R		E	N	C	E	N	A	R
T	E	D	I	O		S		L
R	E	F	E	M		C	O	P	A
	I	E		A	C	E	S	O
R		M	I	L	H	A	S		C
B	A	B	A	R		R	A	R	O
E		G	A	L	A		E	N
S	U	E	C	A		C	C	C
C		M	I		P	A	R	E
S	O	B		O	L	A		I	N	T
	L	A	S	A	N		U	S	A	R
	A	R	R	A	S	T	A	D	A
T	R	A	B	A	L	H	A	D	O	R

72

ADIVINHAS

Respostas:
1. A "cidade dos pés-juntos"...
2. Porque tem pé de moleque...
3. Ele solta os cachorros...
4. Sofre um ataque de risos...

73

	B			A			F
A	N	O	I	T	E	C	E	R
N		F	R	I	T	A	D	A
C	P	F		V	I	R	U	S
O	R		R	I	C	O		E
P	R	I	V	A	D	A		L
T	E	M	I	D	A		T	E	R
C	A		A	D	E	P	T	O
L		F	R	E	D		I	A
M	I	T	O		F		D	V	D
	N		G	R	I	P	A	D	O
P	A	P	O		S	U	A		G
V	E		T	I	L		G	A
E	S	T	O	C	A	G	E	M
F	L	O	R	A	M	A	R	E	L	A

74

C	U	L	T	O		A	C	A	R	A
O	F	E	R	T	A	D	A		U	F
N	O	N	A		N	A	B	A	B	O
V		D	I	E	T		O	L	O	R
I	C	E		L	E	I	T	O	R	A
V	O	A	D	O	R					
I	B		I	I	I					
O	R	O	S		O					
	I	M	P	A	R					
A	R	I	E	S						
T		T	R	A	M	P	O	L	I	M
A	D	I	S		A	L	G	A		A
C	A	R	I	C	I	A		B	A	G
A	L		V	A	S	C	A	I	N	O
M	A	M	A	R		A	G	A	T	A
A	I	A		A	T	R	E	L	A	R

75

		M		L		T			
T	R	I	P	L	I	C	A	R	
	E	A	R		C	E	L	A	
A	G	R	I	Ã	O		I	B	
	U		M	A	R	A	C	A	
A	L	V	O		V	E	L		
P	A	I		T	I	O		H	
R	N		E	A		A			
P	I	C	A	R		A	I	D	
	D	U		N	E	G	R	O	
	A	L	B	U	M		M	R	
	D	A		R		M	Ã	E	
B	E	R	Ç	A	R	I	O	S	

76

R		L	V			A	P		
E	L	E	I	T	O	R	A	L	
P	A	S	S	A	R	E	L	A	
O		A	T	O	R	D	O	A	R
R	O	D	O		E		G		
C	U	T	I	A		A	M	B	A	S
E	T		E	S	C	O	R	A	
T	R	O	A	R		R	N		L
P		M	A	R	E	S	I	A	
L	O	J	A		A	S	A	S	
T	I	A	R	A		C	I	O	S
C	C		P	R	E			B	E
I	A	D		U	N	T	A	R	
P	A	R	O	X	I	T	O	N	A
	L	E	A	L	M	E	N	T	E

138 solução

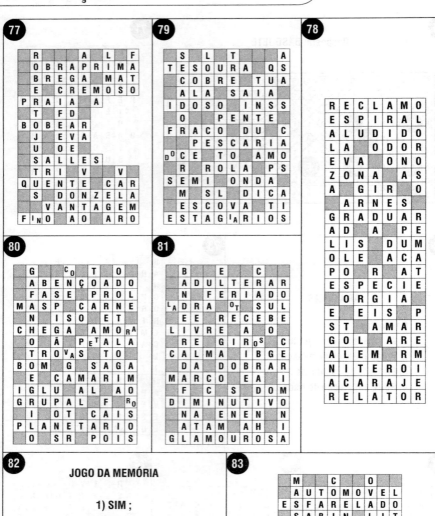

solução 139

84

		P			V			L		
		A	D	I	V	I	N	H	A	R
A	T	I	R	A	D	E	I	R	A	
T	I	R	A		R₀		D	A	S	
	N	A	D	O		O	R	N	A	
	H		A	U	L_A		O	J		
	O	G		T	R	A	G	A	R	
S	E	R	R_A	R		L	I	D	A	
	L	A		O	B	I	N	A		
	A	N		R	E_L	V	A		C	
	G	A	T	A		I	S	C	A	
	A		U		M	O	T	I	M	
	R	A	P	T	O		I		A	
	T	R	I	P	L	I	C	A	R	
N	O E		M	A	M	A	T	A		

85

		A			O				G	
	T	R	A	M	B	O	L	H	O	
	I		P	O	R		O	I	L	
	R	C		I	I	I		P	A	
	A	L	O	N	G	A	D	O		
	D	A		H	A		E	T	C	
F	O	S	F	O	R	O		E	O	
R	S		S			B	E	C	A	
D	E	S	D E			L	A	R		
E		B	E	R	R	A	R			
B	E	N		V	I	A	S		P	
L	E	M E		C		A	R			
I	M	U	N	D	I	C	I	E		
T		A	T	O	A		A	G		
M	E	T	R	O		L	U	S	O	

86

87

	S		M		T		P	
	E	S	C	O	T	E	I	R O
	R		A	L	I	S	T	A R
	R	E	D	E	A		U	C
B	O	N	E		S	A	L_A	M E
	T	E	I	A		S	O	L
	E		R	A	L	A	D	U^R A
S	E	D	A		O	L	E	N_A
M	A		N	U	V	E	N	S
A	V	E		V	O	L	T
T	R	I	L	H	A		E	C
	T		E	A		P	I	R A
R	E	I	N	V	E	N	T	A R
	L		C	E	M		O	B A
	O	D	O	R		I	R	I S

88

JOGO DA MEMÓRIA

1) SIM;
2) SIM;
3) NÃO;
4) SIM;
5) NÃO;
6) SIM;
7) SIM;
8) SIM;
9) NÃO;
10) NÃO.

89

	R		A			E			
	A	L	E	R	G	I	S	T	A
D	I	E	S	E	L		T	E	L
N	I		A		C	A	S	E	
H		A	D	I	A		T	G	
P	A	S	S	E		M	I	A	R
D	O		C	A	I	R		A	
F	A	L	S	O		S		C	D
A	S	A		B	R	E	C	H	O
	F		N	E	U	T	R	O	
	L	U	A	R		A		U	H
S	O	M		T	E^R		O	P^O_R
	R	E	M	U	N	E	R	A	R
	E		A	R	A		A	N	O
E	S	T	R	A	N	G_U	L	A	R

solução

90

L	I	M	O	N	A	D	A
E	N	C	O	N	T	R	O
I	N	Q	U	I	E	T	O
E	D	U	C	A	D	O	R
B	O	M	H	U	M	O	R
C	A	V	I	D	A	D	E
Q	U	E	R	U	B	I	M
B	A	N	H	E	I	R	A
L	E	T	R	E	I	R	O
A	G	R	I	C	O	L	A
G	R	E	L	H	A	D	O
R	E	E	L	E	I	T	O
B	A	S	I	L	I	C	A
C	A	L	V	I	C	I	E
S	E	R	R	A	G	E	M
E	S	T	E	T	I	C	O

91

```
        G   N S
C A N E L E I R A
    B I L I N G U E
    R   A N E L A R
L A C R E   A   E
S Ã O   A N S I A
    O N E R A   D
S E T A   C O E S(A)
    M I   R O D(E)A R
P O D R E       I C
    I O N   M E S A
    S   A D A     S
C E R(A)  O R D E M
    S O L I C I T O
```

92

		T		Z		S		
A	L	E	R	G	I	S	T	A
	I	N		A	N	U	A	L
B	R	A	S			C		A
P	R	O	M	O	T	O	R	
A		A	S	A		E		C
L	E	E		O		C	I	O
A	R	R	E	M	A	T	E	
Q		U	S	A		O		I
S	U	A		O	D	O	R	
A	N	E	L		V			S
C	R	I	M	I	N	O	S	O
I	M		D	O	S	A	R	
C	O	A	D	O	R		L	O

93

```
      D       M
    I O R Q U I N A
P A R E     A N Ã O
    D E   A R C O
P O L A R   O     M
    P H   M A N S A
    R Ã S   R F   I
Z O O   A E I O U
    F   A R A D O S
L E N T A     E   C
    S   E   P N E U
    S E N A     C L
F O R T I F I C A
    R I O   T A I S
```

94

7	8	6	4	3		0	4	3	2	8	4	2	2
9		8	1	7	6	0		9		3		9	1	0
3	1	3	1	4	4	2		6	5	2	2	1	4
3		2		1	9	9	2	6		1	4	2	2
	5	1	1	3		6	2	1	0	6	9		4
1	4	9	7		1		0		7		8	8	0	4
	5		4	2	0	3	2	0		3	3	4	0
2	3	4	3		5	7	5	9	9		8		5
	2	4	1	3	6	9		1	9	3	8	1	0	7
9	3	0		2		9		7	0	7	6	8		1
	3	7	3	9	1	7	3	0		0	5	1	8	4

95

```
              W
        P O L E N
        R A S A
        G   L V
      A U R E A
      E L   Y L
    R S   I H   S
    E A S   O V N I
L A R G A   A I
    N A   R A M P A
G I(R A)F A   P E R
    M  (A R) L I S A
    A C A B A R   B
A R R O Z D O C E
```

96

ADIVINHAS

1. Ele bat-boca...
2. As provas de amor...
3. A "Maria das Dores"...
4. Porque o "creme" não compensa...

97

	P			C				
	E	S	Q	U	A	D	R	A
	R		U	R	I	N	A	R
B	I	F	E		X	A	R	A
	O	T	I	C	A		I	P
	D		J		D	U	D	U
P	I	C	O	L	E		A	C
	C	A		A	B	A	D	A
C	A	M	A	R	O	T	E	
	M	P		A	M	O		M
T	E	O	R		B	A	T	A
	N		O	C	O		E	L
	T	A	M	A	N	D	U	A
G	E	R	A	I	S		S	S

solução

98

A

5	6	4	1	8	9	2	3	7
7	8	9	2	3	5	1	4	6
2	1	3	4	7	6	9	8	5
6	9	5	8	1	7	4	2	3
3	4	7	6	9	2	8	5	1
8	2	1	5	4	3	7	6	9
1	5	6	9	2	8	3	7	4
4	3	2	7	5	1	6	9	8
9	7	8	3	6	4	5	1	2

B

9	3	5	2	4	1	8	6	7
1	2	6	8	7	5	9	4	3
8	4	7	3	9	6	2	1	5
3	5	9	4	2	8	6	7	1
2	7	1	9	6	3	4	5	8
4	6	8	1	5	7	3	2	9
6	1	3	7	8	2	5	9	4
5	8	4	6	1	9	7	3	2
7	9	2	5	3	4	1	8	6

99

P T S
OGUARANI
PRINCIPAL
T GOS UA
CADENTE B
GE TERRA
RISTE RUA
RONCA IT
ABAIXADO
TR ME ON
COICE T A
URGENCIA
I A TORNO
A COROAR

100

D A P
ESTOMAGO
TREINADOR
MIN RM Ã
AVOS ICO
ATA ACNE
O SIRI D
CLVI ISSO
OI PATIO
AGUDO RN
I U CATA
SERVIDOR
LTDA NOME
AU PERAS

101

M J
MARACATU
DETONADOR
SI TREM
ANZOL AC
LEE NOITE
C CISNES
AFRO Q T
DA VIUVA
VESTIGIO
I EE LAR
RESIDIDO
TAMAR NOS
SA AGORA

102

Resposta: GIGANTE

103

B B C
RECREAÇÃO
JARARACA F
S E TATUAR
VISTOSA NE
LUAU DIU
E N CAUSA
APROVA R B
AE IRA OD
RADAR OVO
XALE AIPIM
G COPO ON I
UAI ADA N
PALMATORIA
I OCO MEL

solução

104

ADIVINHAS

Respostas:
1. A letra "A".
2. O apetite.
3. Ampulheta.
4. Cheque.

105

	V		L		V	A		
	A	C	R	E	D	I	T	A	R
	S	U	A	V	I	D	A	D	E
C	O	R	D	A		A	L	M	A
S		V		R			H	I	T
U	S	A	R		P	R	O	S	A
A			O	C	R	E		S	D
N	O	D	O	A		C	Ã	O
A	G	I	T	O		T	R	I	O
D	U	O		C	E	I	A		F
I		S	E	L	O		S	A
A	N	G	U		E	S	T	A	R
E		E	R	I		R	A	I	A
C	O	N	C	O	R	R	I	D	O
S		A	M	A	D	O	R	A	S

106

	A			T				D
A	U	D	A	C	I	O	S	O
O	R	T	O	G	R	A	F	I	A
A	O		A	E	R		N	D
R		C		M	A	C	H	O
C	A	B	A	R	E		H	A	R
E	N	D		D	A	I		A
P		E	T	E	R	N	A
P	A	E	T	E		B		A	L	A
I	P	E		B	A	R		I	R
A		P	O	R	E	M		V
E	G	U	A		B		A	N	O
A	F	U	G	E	N	T	A	R
I		T	I	A		A	T	E
L	O	N	A		R	E	T	R	O	S

107

	P		O		B	H
A	L	I	E	N	I	G	E	N	A
E	N	D	U	R	E	C	E	R
P	I	T	I		A	R	A	M	E
T	A	T	I	C	A			M
E		O	R	E	L	H	A
R	O	D	A	R		M		O	P	A
E		A	C	A	L	M	A	R
I	S	S		H		V	E	R	O
N	A	P	A		V	I	R	A	M
C	A	P	E	L	A		O		T	A
O	T	E	R	O	L	C		C	I
A		T		S	A	G	A	Z
A	D	R	E	N	A	L	I	N	A
O	C	I	O	S	O		A	R

108

S	E	G	U	N	D	O
A	Z	A	R	Ã	O	
A	Q	U	I	N	O	
D	A	T	E	N	A	
U	M	I	D	O	S	
Q	U	E	P	E	S	
V	E	R	O	N	A	
C	O	R	E	T	O	
L	E	I	T	O	S	
E	S	P	A	D	U	A

Theóphile *GAUTIER*
(1811-1872), escritor e *POETA* francês:

" O ACASO É ,
TALVEZ , O
PSEUDÔNIMO DE
DEUS , QUANDO NÃO
QUER ASSINAR ."

109

	F			A	R			S
S	O	R	R	I	D	E	N	T	E
	R	E	I	N	I	C	I	A	R
M	O	D	E	S	T	A		T	R	E
	E		C	E		V	I	D	A	S
A	M	P	A	R	O		D	O	T
	C		D	E	R	M	E		A
E	R	M	A	S		A	Z	T
L	E	O		S	A	L		A	C
	S	E	M	E	N		S	P	A
A	C	R	E		O	D	I	A	R
	E		D	O	T	A	R		R
A	N	T	I	P	A	T	I	C	O
	T	E	A		D	A		O	Ç
E	U		R	A	S	U	R	A

solução

110

T	R	A	P	A	Ç	A
A	G	R	U	R	A	S
X		R	I	R		S
A	V	A	R	E	Z	A
R	E	S		L	A	R
	L	A	T	I	R	
B	A	R	R	A	C	O
A	D		O		Ã	S
T	A	P	A	J	O	S
A		A	R	O		I
L	I	S		C	E	F
H	I	M		O	N	I
A		A	A	S		C
D	E	R	R	O	T	A
O	L		T		C	D
R	E	P	U	C	H	O
	T	O	R	R	E	
A	R	U		E	C	O
T	O	S	A	D	O	R
A		A	T	O		A
D	I	D	E	R	O	T
A	C	A	R	A	J	E

111

	J			E		E			
	U	T	E	N	S	I	L	I	O
		P	E	D	E	C	A	B	R	A
M	I	N	U	T	O		A		S
	T		C	O	L	A		G	I
X	E	P	A		T	U	B	O	S
	R	A		C	A	M	A	S	
M	E	L	A	R		E	S	M	O
	S	A	L	I	E	N	T	A	R
	A		G	A	S	T	A		GÃ
	T	O	A		C	A	R	R	O
S	U	L		F	U	T	IC		
P	R	E	J	U	D	I	C	A	M
	N	A		N	O	V	I	Ç	A
C	O	R	ADO		O	V	O	S	

112

A	B	A	F	A	D	O		M	S	N
C	U	P	O	M		B	L	E	F	E
E	L	A		A	S	S	I	M		C
I	D	E	A	D	O		L	O	C	A
T	O		M	O	L	E	I	R	A	
E	G	E	U		O	D		I	R	A
	U	S	A	R		I	S	A	A	C
M	E	C		I	A	T	I	S	T	A
E		A	R	A	M	A	R		E	B
A	S	P	I	D	E		I	A	R	A
D	I	A	S		N	E	O	N		D
A	T	R	O	A	D	O		I	T	A
			O	S	C	A	R			
			I		A	G	I	R		
		N	O	M	E		A			
		S	I	A	M	E	S			

113

	J	F			C		F		
A	R	R	A	S	T	A	D	O	
O	R	I	E	N	T	A	D	O	R
	D	O	C	E		R	E	M	A
	I		O	S	S	O		I	D
M	A	R	T	A		O	C	A	
Z		T	E	M	ER		I	L	
N	O	T	A	S		PRO	L	E	
C	O	R	R	I	D	A		I	I
	L	E		A	U	R	E	A	
S	O	M	E		N	A	R	R	A
A	G	E	N	D	A		R		G
I		T	O		R	A	B	O	
A	C	O	R	R	E	N	T	A	R
	O	L	E		S	A	A	R	A

114

		P		B					
O	C	O	R	R	E	N	C	I	A
	I	N	A	U	G	U	R	A	R
	C	T		N	O	M	E		C
B	L	O	C	O		E		S	A
	I		E	M	E	R	S	O	N
	S	E	P	A	R	A		L	J
	M	N		Z		D	A	D	O
R	O	D	I	Z	I	O		A	G
		E	N	S	EA	D	A		
		O	S		S	O	B		
		E	R		R	R			
		U	R	U	GU	A	I		
			I	G		S	E		
	CA	R	A	C	O	L			

115

		M		C		R	
A	C	O	N	C	H	E	G	A	R
	U	T	I	L	I	D	A	D	E
T	I	O		A	N	I	L		P
	C		T	R	A	Ç	A	D	O
T	A	B	U	A		Ã		E	R
	E	A		E	C	O	A	R	
	P	R	O	G	R	E	D	I	R
	A		D	E	U	S		V	E
U	N	B		M		P	L	ACE	
	D	E	B	A	T	E			N
P	E	L	E		SO	C	I	A	S
	I		L	A		I	A	T	E
O	R	I	G	I	N	A	R	I	A
	O	C	A	S		L	A	VA	R

116

JOGO DA MEMÓRIA

1) NÃO;
2) NÃO;
3) NÃO;
4) SIM;
5) SIM;
6) SIM;
7) SIM;
8) SIM;
9) SIM;
10) NÃO.

117

	S		M		A		P	
	I	N	C	O	R	R	E	T	O
E	S	B	O	F	E	T	E	A	R
	T	A	T	O		E		M	T
	E		A	S	A	R		B	A
E	M	A		V	I	AG	E	M	
	A	N	C	O	R	A		M	O
A	D	Ã	O		A	L	O		E
	E		M	I	L		B	A	D
C	A	P	U	Z		P	E	R	A
	L		N		R	E	D	E	S
	A	C	I	M	A		E	J	
	R	E	C	O	L	O	C	A	M
U	M	I	DA	D	E		E	D	U
	E		R	A		A	R	A	DO

118

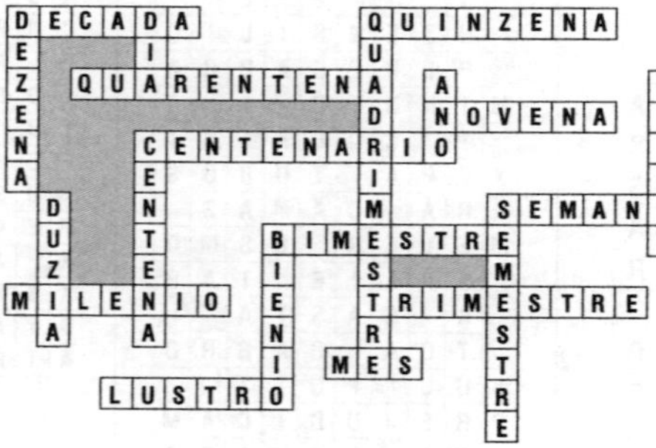

119

		M			TE				
E	X	A	M	I	N	A	D	O	R
	A	N	O	L	E	T	I	V	O
RE	M	O	V	I	D	O		A	M
	P		E	M			A	S	A
D	U	P	L	I	C	A	R		N
	E	A		T	E		R	I	O
E	S	T	R	A	G	AD	O		S
	A	R		D	O	R	M	E	
	B	I	C	O		BO	B	A	S
T	O	A	R		P		MA	R	E
	N		A	P	I	C	E		L
P	E	R	N	A	L	O	N	G	A
	T	E	I		H		T		D
D	E	C	O	R	A	D	O	R	A

120

	P			F	R			M	
	A	C	A	L	E	N	T	A	R
P	L	A	T	A	F	O	R	M	A
	A	M	A	M	E	N	T	A	R
O	V	OP		A	I	O		D	O
	R		V		T		A	E	
T	A	B	A		O	B	V	I	O
O	C	U	L	A	R		E	R	A
	O	S	A		I	A	I	A	
	M	C		P	O	P	A		C
	P	A	T	O		O		F	I
	O		O	R	D	I	N	A	L
A	S	T	R	O	N	A	U	T	A
	T	E	S		A	D		A	D
C	A	R	O	S		O	R	L	A

121

		C				M		
T	R	A	N	S	V	I	A	R
	E	L	E	F	A	N	T	E
	T	A	G		G	A	R	I
	I	B	A	M	A		I	N
DO	N	A		U	N	I	T	A
	A	R	A	R	A		A	D
	E		Z		G	E	R	O
A	C	H	A	T	A	R		
N	O	I	R		R	O	E	U
	R	P		C	A	S	A	L
A	N	O	S		G	I		TI
	E		A	L	E	V	I	M
	A	E	R	O	M	O	Ç	A

122

G	E	R	E	N	T	E
A	B	D	O	M	E	N
S	A	V	E	I	R	O
A	N	I	S	T	I	A
V	A	I	D	O	S	O
E	T	I	L	I	C	O
C	U	I	D	A	D	O
I	R	R	O	M	P	E
B	A	G	A	G	E	M
I	L	I	C	I	T	O
G	O	L	E	I	R	O
F	R	E	S	C	O	R
D	E	S	F	I	L	E
B	R	I	N	D	E	S
C	A	R	A	C	O	L

123

		B			R				V
	G	U	A	N	A	B	A	R	A
F	A	R	R	A	D	O	B	O	I
	R	A	M		I	L	A	D	
MA	R	C	A		C	AS	C	O	S
	A	O	R	T	A		A	V	O
	F		I		L	A	T	I	M
S	A	B	O	R		S	E	A	
	T	A		E	NT	E		R	NA
Z	E	R	O	S		S	A	I	S
	R		B	I	P		C	A	I
A	M	A	S	S	A	D	A		O
	I	T		T	R	O	T	E	S
	C	O	T	I	D	I	A	N	O
M	A	S	T	R	O		M	E	S